VICTOR MODESTE

LA

NUIT DU 4 AOUT

1789 — 1889

PARIS

GUILLAUMIN & Cie, Éditeurs

De la Collection des principaux Économistes, des Économistes et Publicistes
contemporains,
De la Bibliothèque des Sciences morales et politiques,
Du Dictionnaire de l'Économie politique,
Du Dictionnaire universel du Commerce et de la Navigation, etc.

14, rue Richelieu, 14
— 1889 —

LA NUIT DU 4 AOUT

AUTRES PUBLICATIONS DU MÊME AUTEUR

MÊME LIBRAIRIE

De la cherté des grains et des préjugés populaires qui déterminent des violences dans les temps de disette.
1 vol. gr. in-18, 3me édition. Prix : 3 fr. 50.

Du paupérisme en France. (Couronné par l'académie des Sciences morales et politiques).
1 vol. in-8°. Prix : 7 fr. 50.

Etudes sur la propriété intellectuelle. — En collaboration avec MM. Frédéric Passy et P. Paillottet. — Préface par M. Jules Simon
1 vol. gr. in-18. Prix : 3 fr. 50.

Le billet des Banques d'émission et la fausse monnaie. Brochure in-8°. Prix : 1 franc.

Résolutions nouvelles au souvenir de l'Invasion.
1 vol. gr. in-18. Prix : 3 fr.

La vie. — Etude d'économie politique.
1 vol. gr. in-18. Prix : 3 fr. 50.

Le prêt à intérêt dernière forme de l'Esclavage.
1 vol. gr. in-18. Prix 3 fr. 50.

VICTOR MODESTE

LA
NUIT DU 4 AOUT

1789 — 1889

PARIS

GUILLAUMIN & Cⁱᵉ, Éditeurs

De la Collection des principaux Économistes, d s Économistes et Publicistes
contemporains,
De la Bibliothèque des Sciences morales et politiques,
Du Dictionnaire de l'Économie politique,
Du Dictionnaire universel du Commerce et de la Navigation, etc.

14, rue Richelieu, 14
— 1889 —

LA NUIT DU 4 AOUT

La petite ville était depuis longtemps endormie.
Les bruits du jour y avaient cessé. Seul parfois le
pas hâtif d'un passant attardé qui regagnait son
gîte arrivait faiblement à l'oreille, én se répercu-
tant d'angle en angle, semblable aux coups d'aile
d'un oiseau voletant contre les murailles. Sous un
ciel lourd, sans étoiles, l'ombre y reposait au loin
à côté du silence.

Dans un de ses quartiers reculés, une étroite
impasse offrait plus particulièrement encore l'image
de la solitude et du repos. Sans autre éclairage
que la lumière oblique d'un bec de gaz placé dans
la rue voisine, elle dérobait à la vue sa profondeur
légèrement contournée. Des deux côtés, d'assez
humbles maisons, tout irrégulières, élevaient leurs

façades sombres où les fenêtres sans volets, alignées deux par deux, comme des trous noirs, ressemblaient à des yeux sans regard ou fermés par le sommeil.

Seule, au second étage de la maison qui barrait le fond de la ruelle, une croisée ouverte apparaissait comme vivement éclairée au milieu de l'ombre, derrière son rideau pâle qu'un souffle de vent soulevait, par intervalle, de quelques ondulations à peine sensibles.

Etrange pouvoir, en vérité, que celui de ces clartés qui éclatent ainsi dans la nuit!

A qui n'ont-elles pas parlé plus d'une fois leur muet langage?

Est-ce au milieu de la campagne qu'on les aperçoit, perdues dans les plans inappréciables de l'espace agrandi sans mesure? Un jour, elles ressuscitent au fond de nos mémoires les contes enchantés de l'enfance. D'autres fois, ce sont d'autres rêves qu'elles éveillent. Qui sait, se dit-on, en les interrogeant du regard, qui sait si ce n'est pas là-bas, là-bas sous le toit inconnu qu'elles éclairent, près d'elles, sous l'étroit rayon de leur lueur, qu'on trouverait, tout prêt à se laisser saisir, quelque rêve adoré qui s'annonce, parle, appelle, mais que demain on oubliera de chercher, que demain, que jamais on ne saura rejoindre?

Dans les villes, ce sont d'autres pensées.

Qui donc veille là quand tout dort? Est-ce l'avare qui compte, l'ambitieux qui se ronge, le méchant qui conspire quelque ruine nouvelle? Est-ce un mourant qui va finir, ou deux amants qui ne peuvent se résoudre au sommeil parce que dormir est consentir à cesser de se voir, ou bien encore une mère se retenant de pleurer près de l'enfant malade et, transportée à l'idée d'un sacrifice, essayant de lui infuser à nouveau de sa vie en le serrant de toutes ses forces contre sa poitrine?

L'explication cette fois était tout autre.

Le logis éclairé de la ruelle déserte était une assez vaste chambre, non pas pauvrement peut-être, mais à coup sûr plus que simplement meublée.

A gauche, un lit de fer, bas, sans ornements,

sans rideaux. Au milieu, une large et longue table,
couverte de livres entassés, froissés, dispersés,
fermés ou ouverts, puis de papiers, de manuscrits,
de notes de toutes formes. Au centre, une petite
lampe dont l'abat-jour soigneusement baissé rame-
nait toute la clarté sur la table de travail, lais-
sant à peu près dans l'ombre tout le reste de la
pièce.

En face, sur un autre meuble aussi simple, un
buste de moyenne grandeur dessinait vaguement
ses traits de plâtre qu'on ne pouvait reconnaître.
Puis derrière, divers objets, probablement des souvenirs entre lesquelles ressortaient, on ne savait
sous quelle forme, les couleurs nationales. A
droite, attaché assez bas sur le mur, à portée du
regard et de la main, un portrait dans un cadre
doré où venaient se fixer çà et là quelques parcelles
de lumière qui luisaient dans l'ombre comme des
étincelles immobiles. Ce portrait était celui d'une
femme ayant visiblement dépassé le milieu de la
vie. Au bas du cadre, on distinguait un cartouche
aussi doré portant quelques caractères que l'obs-

curité ne permettait pas de lire et à demi caché
par le voile flottant d'un crêpe.

Enfin, devant la table, un jeune homme était
assis, penché en avant dans l'attitude de la médi-
tation et de l'étude, la main gauche étendue sur un
livre ouvert, la droite armée d'une plume qui cou-
rait sur des notes commencées. D'assez longs cheveux, légèrement bouclés, rejoignaient sa barbe
épaisse et brune. Il paraissait trente ans à peine.
Entre lui et le portrait au voile noir un coup d'œil
relevait une ressemblance frappante. C'était le
même ovale du visage, même attitude simple et
fière, mêmes yeux doux et tranquilles, mais résolus; même front large et haut comme celui des
penseurs, fuyant comme celui des poètes.

Sur le visage du jeune homme, on lisait à la fois
la fatigue et une tristesse profonde.

La tristesse, ancienne à coup sûr, comptait des
mois et des années. C'était sa date qu'on eût
lue sans doute, si l'on avait pu lire, sous le crêpe,
au bas du portrait.

La fatigue passagère à cet âge, atteinte légère et

destinée à disparaître, n'était que celle de la journée.

*

* *

Et en effet, la journée avait été longue et bien remplie, consacrée qu'il l'avait voulue tout entière à une sorte d'émouvant pèlerinage.

C'est à Versailles qu'il l'avait passée, s'attachant, l'histoire à la main, à rappeler à leur vivacité première de précédents souvenirs, à recueillir sur les lieux où les pierres parlent toujours pour qui ne passe pas en indifférent devant elles, les traces, les voix, les images de jours éclatants ou sombres, de grands événements évanouis, de morts oubliés ou illustres qui, après avoir mené leur bruit d'un moment dans le monde, au bout de leurs bonheurs éphémères ou de leurs tristesses, de leurs jours de puissance, de leurs années d'inquiétudes ou de luttes, dorment depuis longtemps confondus dans leur repos éternel.

Quels contrastes d'une éloquence inouïe ramassés sur cet étroit espace !

Ici, le château ; puis son parc, tous deux immenses, trois fois aussi vastes qu'une ville, comme si à l'exemple des cieux qui racontent la gloire du Très-Haut, ils avaient voulu marquer insolemment, aux yeux des hommes, la mesure de l'imposante individualité dont ils étaient la demeure, devant le néant des poussières humaines qui composaient le troupeau national.

Ici, tout est plein du monarque du grand siècle, de ses vanités, de son faste, de son autorité, de ses plaisirs. Dans ces constructions, ces terrasses, ces bassins, ces eaux amenées de loin et de force, rien qui n'ait été payé par des souffrances du peuple, pris sur la vie du peuple. Rien qui n'ait semé pour sa part la juste, l'inévitable revanche d'une révolution lointaine mais certaine.

Ici, l'on a dit cent fois : l'État c'est moi. Ici on l'a pensé et pratiqué toujours. Ici, on a cru, on s'est laissé dire que tout ce peuple qu'en pensée on embrassait du regard sur le sol de France appartenait à un seul, corps et biens, biens et âmes.

Cet homme, il est le Roi Soleil, avec la devise impudente que lui et les siens tolèrent ou inspirent.

Son palais entouré de jardins comme de nuages, qu'est-il et que veut-il être? Celui d'un immortel, un empyrée où viennent se ranger, comme des dieux inférieurs, à son appel, tous les dieux du vieil Olympe.

La nature obéit. Les arbres taillés au caprice du Maître revêtent à son ordre des habits de courtisans et semblent faire la haie devant lui.

Accourues de trois lieues pour le servir et le voir, les cascades se lèvent, saluent, se mettent à sourire et à lui faire fête quand il passe.

Les courtisans font comme les eaux et les arbres.

A cette époque, à la place où nous sommes, on n'eût pas trouvé une femme qui aurait eu jamais la pensée, eût jamais cru possible, fût-ce avec un amour au cœur, de se refuser au Maître, de ne pas disputer aux enchères un caprice du Maître.

On ruinait pour les jouissances du prince. On avilissait et s'avilissait pour l'amour du prince. On persécutait, on exilait pour l'absolution du prince, pour le salut éternel du prince.

C'était le faîte, l'ère culminante de la monarchie en France. La monarchie, elle éclate ici partout avec ses superstitions basses, son odieux égoïsme, inaccessible à la pitié, à la pensée même des souffrances d'un autre, ses mépris, ses appétits de monstre, son infatuation, ses corruptions et ses crimes.

Aussi autour de nous tout se lève contre elle, crie contre elle, du fond du sol et des eaux, des marbres et des ors, des arbres et des pierres. Tout se plaint, accuse, condamne. Tout appelle la malédiction et les châtiments sur elle.

Ces plaintes, ces malédictions montant des profondeurs du temps, à travers deux siècles qui ne réussissent pas à les assourdir, le jeune voyageur les avait entendues et gardées. Elles avaient brui à son oreille, retenti dans son cœur, soulevé ses indignations, ses colères, ses souhaits de justice, ses imprécations d'enfant vrai du peuple.

En vérité, quelles peines n'ont donc pas méritées ces dédains, ces splendeurs, ces orgueils, ces plaisirs faits de tant de rapines et de misères, de tant de sang et de sueurs des peuples !

Eh ! quoi, où sommes-nous donc et qu'est-il advenu ? La Némésis de l'histoire, aux yeux de feu qui ne connaissent pas, dit-on, le sommeil, aurait-elle passé ici sans voir trompée par le bruit des fêtes, ou se serait-elle écartée sans agir intimidée par la majesté du despote ?

Non, non, prenez garde ! Non ; ne l'insultez pas ! Elle est venue. Tenez, voilà la trace de ses pas, ses pas qui marquent jusque sur la pierre et le marbre. Voyez-vous son chemin ? Suivez son chemin !

Ici, c'est encore le palais, le même. Mais comme tout a changé !

Est-ce un rideau qui se lève ? Oui, le temps a marché, le drame éternel aussi et c'est un autre acte. Nouveaux acteurs, n'est-ce pas ? nouveaux hôtes !

Ont-ils donc quitté les appartements d'apparat ? Tout semble rapetissé pour d'autres tailles. En même temps, on est comme saisi de cette impression pénible qu'on éprouve à passer de l'éblouissement du plein soleil au sein de demi ténèbres. Pourqnoi ? Ah ! c'est qu'en effet nous ne sommes plus sous la vive et orgueilleuse lumière des jardins immenses. La royauté était à son faîte A présent, affaiblie, menacée, ruinée, rongée de soucis et de terreurs, elle s'enferme derrière ces fenêtres en partie voilées, qui la cachent sans la défendre.

Le jour a baissé. Tous les jours sont devenus sombres.

Au contact de leur tristesse, devant ce spectacle troublant, que de réflexions surgissent : voix intérieures, voix silencieuses et pourtant retentissantes qui s'éveillent de partout, s'appellent, se mêlent, se choquent, se répondent comme d'écho en écho !

Le visiteur attentif les écoutait, les suivait, les

jugeait au fond de son âme ouverte à l'attendrissement, mais plus accessible encore et plus obéis-
sante aux sévérités nécessaires.

Eh ! quoi, se disait-il, aux prises tout d'abord
avec l'émotion qu'inspirent toutes les douleurs
humaines, est-ce bien l'accomplissement de l'ordre
éternel ? N'en est-ce pas plutôt l'oubli, la déser-
tion et le lamentable égarement ?

Où sont les coupables ? Depuis bientôt cent ans
sous la terre.

Et ceux qui sont là hommes, enfants, femmes,
qu'ont-ils fait ? Rien au monde.

Qu'est-ce alors que cette justice prétendue di-
vine qui, aveugle autant que tardive, se borne à
frapper à la place où s'est commis le crime, sans
souci que le criminel l'ait quittée et qu'un inno-
cent l'y remplace ?

Ah ! s'il est tel, maudit soit l'ordre abominable
du monde ! Si elle est ainsi sans choix, sans cœur,
maudite soit la vindicte de l'histoire !

Mais non, répondait dans son esprit une voix
plus haute et plus imposante.

Ceux-ci des innocents ! des victimes sans torts et sans tache ! Etrangers aux forfaits des ancêtres, oui, ils le sont sans nul doute. Mais purs de fautes, mais signalés par leurs infortunes à des commisérations exceptionnelles, mais dignes de larmes, de dévouements, de sacrifices ! En vérité, à quels titres et de quel droit ?

Et d'abord, est-ce qu'il n'y a pas eu par milliers, au sein des peuples, des chagrins aussi poignants, des épreuves qui sans compensation de plaisirs, de jouissances, de luxe, de pouvoir et de fêtes, auront pesé sur les cœurs d'un poids égal ; qui au lieu de ne prendre que quatre ou cinq ans de la vie, auront duré toute la vie, troublé, meurtri toute la vie ?

Est-ce qu'il n'y a pas des mères qui ont perdu leurs fils frappés dans le travail au profit des autres, ou enlevés, mutilés, tués sur les champs de bataille ou le pavé des rues, pour défendre le bien des autres, le droit même des autres à les dépouiller, les opprimer, les asservir ?

Est-ce qu'il n'y a pas, au sein du peuple, les

avanies imméritées, les mépris infâmes, les pri-
vations injustes ; la faim lente mais sûre, la vie
abrégée sous des yeux en pleurs qui en suivent,
pas à pas, jour à jour, la ruine; la mort hâtive des
adultes, des enfants, des femmes ?

Est-ce que la douleur est moins la douleur
quand elle frappe un homme du peuple au lieu
d'un prince ? N'est-ce plus à son angoisse qu'il faut
demander sa mesure mais à la hauteur de son pié
destal ? Naturelle et à sa place sous le chaume, ne
peut-elle avoir le don d'émouvoir que lorsqu'elle
parait, par l'éclair d'un outrageant contraste, sur
ces hauteurs sociales où l'on ne doit apparemment
connaître que le repos sans droit, l'éclat sans
mérite, la jouissance sans effort comme sans trouble et sans frein ?

Les infortunes royales enfin sont-elles donc de
plus attendrissantes infortunes par ce qu'elles sont
royales ?

Non, non ! il faut le dire hautement, sans hésitation, sans peur, sans faiblesse, il y a là une su-
perstition basse, reste humiliant d'une éducation

intéressée, attachée pendant des siècles à prépa-
rer, maintenir et grandir l'avilissement des hommes, une atteinte à la dignité humaine, une abdi-
cation déshonorante de leur fierté, allons plus
loin et tranchons le mot, un acte inconscient mais
lâche de servilité domestique.

A l'homme de nos jours donc de comprendre
au rang de ses premiers devoirs celui de rejeter
vers le passé ces tristes traces d'atavisme, de passer aussi sur les douleurs des hommes le niveau
de l'égalité des droits, non sans plaindre, mais
sans faiblir ni trahir, et en ne perdant jamais de
vue que la justice qui compromet et compose n'est
plus la justice.

Disons mieux encore — car devant le passé, le
présent a ses revanches à prendre — pour l'homme de nos jours, il est temps enfin de proclamer
cette vérité de raison que celui-là qui ne consent
qu'à demi à prendre sa place parmi les hommes
n'a droit qu'à demi à la pitié des hommes. Il est
temps de dire que l'infortune éclatante n'est pas
tout à fait l'infortune et qu'il faut désormais réser-

ver son cœur aux souffrances populaires, les plus poignantes de toutes et les plus continues comme les plus dépourvues des consolations humaines.

Et puis, est-il donc vrai que la justice se soit trompée, que l'innocence ait pris la place et reçu le châtiment des coupables ?

Eh quoi ! n'a-t-on pas accepté passionnément l'héritage ? N'a-t-on pas joui pendant quatorze ans de l'héritage ?

Comment, avec son actif ambitionné de pouvoir, de vanités, de préjugés, de dédains, de richesses, n'aurait-on pas assumé le passif oublié mais ineffaçable, inaperçu mais écrasant des vengeances de l'histoire ?

Pour qu'on dit comme l'aïeul : l'Etat c'est moi pour qu'on abusât comme l'aïeul, qu'a-t-il donc manqué ? La force. Or, quand la volonté incrimine, est-ce que par hasard l'impuissance excuse ?

Royauté, cour, privilégiés, clergé, noblesse, est-ce que pendant quatorze ans, sous ce règne, on n'a pas vécu du peuple, entassé, brillé, joui, grandi du travail et des peines du peuple ?

Est-ce que ce n'est pas ici même que la royauté a dit à son tour cette parole que, pour que l'impôt produise, il faut qu'il soit voté par d'autres que ceux qui le paient ? Et après tout, qu'est-ce donc qu'on allait demander à la frontière quand, dans une fuite qui revêtait si bien le caractère d'une conspiration par ses allures, à la suite d'émigrés, en avant d'autres émigrés bientôt en armes, on se précipitait à travers la France menacée au devant des armées étrangères ?

Enfin, d'autres pensées d'une source tout autre, plus rigides celles-là et plus détachées, on serait tenté de dire aussi plus solennelles descendaient dans l'esprit du jeune homme, au souvenir de ces épreuves, bientôt suivies d'événements plus terribles où le sang avait eu ses heures.

Laissons donc, disait-il, laissons ces considérations de court horizon, ces idées purement humaines et partant débiles, simples points de vue contingents d'un temps qui passe ! A notre époque, imprudent, imprudent et aveugle qui ne sait pas voir de plus haut et de plus loin !

Qu'est-ce donc que ces mots de commisérations, de sympathies, de droits de l'innocence ou de châtiments des criminels ?

Qu'est-ce que cette idée même de justice ? Une simple conception de l'esprit des hommes qui va se modifiant d'âge en âge à mesure que se modifie cet esprit même. Mais, extérieurement à nous, est-ce que le juste existe ? Est-ce qu'il parle, agit, règne, apparaît ? Non ! il n'est rien de lui dans le monde. Le monde ne le connaît pas.

Qui donc règne et gouverne ? Les lois mêmes du monde, lois inflexibles, immuables sous lesquelles, de toute éternité et pour l'éternité, un fait qui se produit relève fatalement d'un autre qui le précède et engendre, pour le suivre, un autre qui doit être celui-là et ne peut être que celui-là seul.

Et alors, comment s'étonner, applaudir, regretter, s'insurger, se plaindre ? Non ! quels que soient les vides, les désenchantements, les tristesses, les jours des superstitions ont disparu. La raison s'est levée. Elle éclaire de sa lumière froide, mais du moins indéfectible, sereine et implacable et avec elle, après elle, ce qu'il faut se dire, c'est ceci : Tout est et ce qui est ne peut pas ne pas être. Que demandez-vous ? Que cet homme qui tombe du haut d'un toit ne se tue pas parce qu'il est honnête homme et laissera de touchants orphelins près de sa tombe? Qu'est-ce là qu'un appel au déraisonnable et à l'impossible ? Ce qui est vrai, ce qu'il faut nous dire, c'est qu'il n'y a point autour de nous, dans le monde, des faits qui soient des récompenses ou des peines, mais une trame de phénomènes qui se déroule sans dévier jamais, sans se briser ou fausser, sans faillir, sans faiblir.

Or, ici à cette place, un poison a été jeté dans l'air. N'est-il pas vrai qu'il faut bien qu'on le respire? Et comment ne serait-ce pas celui qui passe qui le respire? Des années et des siècles ont été des années et des siècles d'oppression, d'insulte et de rapine. Comment l'oppression ressentie n'aurait-elle pas enfanté ses ferments de rancune ? Comment ces ferments de rancune, entassés pendant des siècles jusqu'à former une montagne de cent coudées, ne se seraient-ils pas écroulés un jour? Et comment enfin leur écroulement n'eût-il pas écrasé celui-là, quel qu'il fût, qui, au moment marqué pour la chute, s'était placé au devant de la masse immense?

Non! le châtiment n'a pas commis d'erreur parce qu'en réalité, nul fait ne châtie, nul fait n'a ce caractère.

Il n'y a pas d'injuste parce que le juste n'est pas du monde. Nous habillons le monde à l'image de nos désirs, de nos frayeurs, de nos ressentiments, de nos tendresses, mais le monde se rit de nos imaginations vaines, et nos chimères ne dépassent pas les étroites parois de notre cervelle humaine.

Il est vrai que les faits de l'histoire sont implacables. Malheur en effet à qui les provoque sans prévoir, s'expose à leurs coups sans voir, à leurs lois sans les connaître! Mais l'histoire n'est qu'un flot tranquille et indomptable, indifférent autant qu'il est indomptable et tranquille. Il n'y a pas de Némésis de l'histoire.

*

*   *

Mais, dans la pensée du voyageur d'un jour, cette visite au palais n'était qu'une préparation pour le véritable objet de la journée et ce qu'il y cherchait surtout, c'était une impression de contraste destinée à rehausser la force et le prix d'autres souvenirs, ceux-là mêmes des premiers jours si grandioses, si heureux, si acclamés et en effet si bénissables de la Révolution française.

Descendu sur l'immense plateau que forme la place d'armes, il jeta donc un dernier coup d'œil en arrière, celui de l'adieu sur le palais qui par delà ses hautes grilles, s'effaçait dans les profondeurs et semblait s'abaisser, loin de lui à l'horizon, pour s'y fixer enfin morne, amoindri, désert, perdu dans sa solitude et son silence.

Ainsi, se disait-il, ainsi ont disparu ces temps funèbres. Qu'ils restent plongés dans leur ombre! Leur image n'en doit plus sortir que pour donner tout leur éclat à ceux qui leur ont succédé, pour

nous consoler aussi de nos temps pâles, ou troublés
ou vides.

Et d'abord, sous la leçon de leurs témoignages,
il voulut évoquer devant lui les deux premiers
grands jours de cette grande époque : C'étaient le
4 et le 5 mai 1789.

Qu'avait été le 4 mai ? Jour de dimanche, on
l'avait consacré aux cérémonies religieuses qui
devaient, pour répondre aux croyances et aux habitudes, appeler les bénédictions du Ciel sur les
travaux des États Généraux — bientôt immortels
sous le nom d'Assemblée Nationale — à la veille
même de leur première réunion.

Avec quel intérêt, dans sa pensée, il avait reconstitué le cortège !

Il l'avait vu se rassembler dans l'église Notre-
Dame, alors comme aujourd'hui église paroissiale
de Versailles, et assister aux prières prescrites.

Empressé à la sortie, il l'avait escorté par la
grande rue qui fait face. Puis, passant à nouveau
devant le château oublié désormais, inaperçu,
sevré fût-ce d'un regard au milieu des préoccupa-

tions nouvelles, il l'avait suivi, contemplé, applaudi dans sa marche par l'imposante avenue de Sceaux et quelques-unes de ses rues latérales, jusqu'à l'église Saint-Louis où la réunion, tout en gardant sa physionomie religieuse, avait pris en même temps un caractère plus politique, par des échanges de manifestations et de paroles, comme pour former une sorte de prologue à la grande solennité de l'ouverture des États, depuis si longtemps annoncée, ajournée, reprise et à laquelle le lendemain allait enfin donner sa journée.

Quel aspect étrange et nouveau que celui de Versailles ce jour-là ! Quel spectacle que ce parcours !

En tête, les ordres réguliers, les confréries, les paroisses avec toutes leurs bannières, des hérauts d'armes, les gardes-françaises qui, en se mêlant aux premières scènes de la Révolution, allaient, à quelques semaines de là, s'entourer d'une renommée populaire.

Vers le milieu du défilé, la Noblesse couverte de satin et de velours, de dentelles et d'or, l'épée au

côté, le chapeau d'apparat chargé de ses plumes
flottantes ; la Noblesse où l'on se montrait et nom-
mait tout haut au passage, à côté des représentants
déjà dédaignés des titres aristocratiques, quelques
hommes que signalait un rayon de généreuse
gloire militaire, d'autres plus encore où la clairvoyance des populations pressentait des défenseurs.

Après la Noblesse, le Clergé avec ses curés simples et humbles d'habits, fiers et résolus d'attitude
et de visage, mais aussi avec ses dignitaires re-
vêtus de leurs costumes magnifiques, portant haut
la tête et respirant le dédain, le luxe, le pouvoir,
l'entêtement et l'orgueil. Dans leurs rangs, le
Saint-Sacrement sous un dais assurant au cortège
l'apparence d'une procession et le gardant ainsi
sous la tutelle de l'Eglise.

A la fin, les gardes de la Couronne, la Cour nombreuse, hautaine, éclatante. — Le roi, accueilli
avec froideur, la reine par des murmures, témoignages inquiétants d'une impopularité imprudemment encourue et bravée! Tristes présages d'un

avenir qui venait, lui aussi, précédé de son ombre !

Mais en avant de la Noblesse, du Clergé et de la Cour, place inférieure dans les idées du temps et de l'Eglise, c'étaient surtout les hommes du Tiers-Etat que cherchait, qu'entourait l'attention publique.

Sans oripeaux, sans aucune distinction individuelle, tous semblables, uniformément vêtus qu'ils étaient du sévère costume noir de la roture, cette uniformité même semblait donner à la masse imposante de leur cortège un ensemble, une apparence d'unité, de cohésion presque redoutable qui manquaient absolument aux autres, en même temps que leur calme, leur air de sécurité et d'énergie, tout jusqu'à leur nombre double de celui des deux autres ordres, inspirait la confiance et marquait jusque pour les yeux où serait la victoire.

Dans cette foule de six cents hommes venue de tous les points de la France et qui avait l'air d'une armée, un seul était dès lors en possession d'une notoriété universelle, conquise par ses publications, ses démêlés retentissants avec sa fa-

2.

mille, son emprisonnement à Vincennes, c'était Mirabeau aisé à reconnaître à sa démarche hardie, à sa tête énergique et hautaine, à sa chevelure immense, qui suivant le mot d'une illustre spectatrice du jour, faisait penser à Samson dans sa force.

Les autres étaient presque des inconnus. Mais ces inconnus on les savait envoyés par des coreligionnaires et l'on voyait en eux de toutes parts les messagers, les collaborateurs prochains d'une revanche ardemment appelée, celle de plus de mille ans d'avanies et de souffrances.

Aussi quelles acclamations! quel enthousiasme! quelle foule pour les contempler et les suivre!

Tout Versailles était là et de Paris tout ce qui avait pu venir à Versailles.

Rues, carrefour de la Place d'armes immense, avenues colossales qui viennent y déboucher de trois points à la fois comme des estuaires, tout était noir de monde.

Dès le matin, l'Avenue de Paris s'était couverte de groupes animés, hommes, femmes, enfants même qu'envoyait incessamment la capitale, pour la première grande fête des Etats dont les arrière-grands-pères eux-mêmes n'avaient pu voir la pareille.

A quatre heures, vers le soir, au moment où finissait la cérémonie de Saint-Louis, il en arrivait encore sans relâche, fatigués mais **ardents**, s'appelant, s'encourageant, échangeant leurs opinions, leurs résolutions, leurs **vœux**, unis dans une mêlée fraternelle comme dans une joie commune.

Heureuse époque! se disait le jeune homme qui les faisait ainsi revivre. Oui ! heureux les temps qui sont des aurores, où des institutions nouvelles encore confinées dans le domaine éthéré de l'idéal, encore pures des abus, des hideurs inévitables, des déceptions constantes de la réalité, peuvent n'apparaître aux populations qui les attendent que chargées de tous les trésors, entourées de toutes les merveilles que leur prête l'imagination des hommes !

Heureux temps que celui-là notamment où les

mêmes paroles étaient sur toutes les lèvres, comme des mots d'ordre parfois répétés sans comprendre, mais par là même peut-être mieux armés pour séduire, les mêmes rêves dans tous les esprits, les mêmes espérances dans tous les cœurs : les mots, les rêves, les espérances de liberté, d'égalité, de fraternité, de régénération de la France, de félicité publique !

Puis, en souvenir du lendemain 5 mai, il voulut visiter l'endroit où s'est tenue la première réunion de la grande Assemblée Constituante de la Révolution française.

C'était, avenue de Paris, l'ancienne salle des fêtes qui s'appelait alors la salle des Menus-plaisirs, la plus vaste qui fût à Versailles en dehors du Palais.

Ah ! combien de souvenirs, émouvants ou chers, glorieux ou terribles de l'histoire ont perdu ce qui

fut leur théâtre ! Combien de constructions consacrées par les grandes scènes de la Révolution ont
été détruites ! Celle-ci a disparu.

A la place, sur un mur de caserne, une plaque
de marbre, témoignage pieux de la troisième République, rappelait depuis plusieurs années et, renouvelée plus récemment dans une fête solennelle,
rappelle encore à la génération présente que l'Assemblée Constituante a siégé là depuis le 5 mai
1789 jusqu'au 29 octobre de la même année.

Les monuments aussi se dérobent et trahissent
et les pierres ont aussi leur destin.

Mais, entre une voie publique attenante et celle
qui porte aujourd'hui le nom de rue de l'Assemblée
Nationale, il put parcourir les terrains où s'élevait
la salle mémorable de 1789 avec ses dépendances.
Pas à pas, il y suivait, il y marquait à mesure les
emplacements et les jours. Là, se disait-il, étaient
le bureau de l'Assemblée, là, sa tribune.

C'est ici, avait-il pu dire, devant la porte inso-
lente, que le jour de la séance royale, Bailly entouré de tout le Tiers-Etat dut attendre avec eux,

sous une pluie battante, que les deux autres ordres eussent pris place aux côtés de la Cour ; ici que le 20 juin, venu avec le Tiers pour prendre séance, il se vit refuser l'entrée malgré le droit, le respect, les instances ; ici qu'il en fut définitivement repoussé, sur l'ordre du roi, par les troupes de la Cour.

C'est d'ici enfin que de guerre lasse, il partit emmenant ses collègues d'abord à la chapelle des Récollets, non loin de Saint-Louis, puis dans un autre lieu de réunion, bien autrement cher et sacré pour nos mémoires, dont le nom a été dès lors et est demeuré jusqu'aujourd'hui entouré d'un retentissement extraordinaire.

C'était la salle du Jeu de Paume.

*

*   *

Le Jeu de Paume ! oh ! là point de mécomptes, de regrets ou de reproches. Point de destructions maudites. Le temps n'a rien frappé, il a tout préservé.

La vérité est irrécusable, l'authencité saisissante. Il n'est pas jusqu'au caractère particulier résultant de la destination des lieux qui n'ajoute à l'impression ressentie. Il y a partout en effet des salles de parlement et toute salle de parlement ressemble à une autre. Il y a partout des églises et toute église ressemble à une église. Il n'y a plus de jeux de paume. Or, voilà bien celui qui a survécu parce que celui-là devait en effet survivre.

Dimensions, murs d'entourage, plafond élevé, rien n'a changé.

Voilà bien les parois, les grillages montant jusqu'au faîte, les galeries avec leurs toits inclinés à l'inclinaison prescrite, tout jusqu'aux couloirs où glissaient les balles.

Seulement, pour répondre aujourd'hui au sentiment qu'elle évoque dans les âmes, la salle nue alors et frivole s'est transformée en un musée de souvenirs patriotiques. Elle est devenue en effet, pour notre époque, comme le chantait le jeune poète inspiré d'alors, une sorte de sanctuaire, un lieu de pèlerinage méritant de laisser loin à distance, disait-il, pour la ferveur d'un culte reconnaissant et le nombre des fidèles « Sion, Delphes, et la Mecque et Saïs ».

Au milieu, des vitrines espacées, pleines de gravures du temps représentant des fêtes, des tombes, des réunions civiques, des scènes de tous caractères ; œuvres d'imagination révélant les sentiments populaires ; allégories essayant de redire aux yeux ce qui était au fond des âmes ; portraits souvent plusieurs fois. répétés, à divers âges et dans diverses circonstances, des hommes qui ont figuré aux premiers rangs dans le grand œuvre de la Révolution française.

Tout autour, sur les murs, tous les noms des constituants du Tiers-Etat rangés par groupes.

Plus bas, sur des socles, les bustes en marbre des plus marquants : Mirabeau et Barnave, Le Chapelier et Sieyès, Péthion, Merlin de Douai et Buzot, La Reveillère-Lepaux, Volney et Boissy-d'Anglas, Camus, Tronchet, Target, Rabaut-Saint-Etienne, Mounier, Lanjuinais et dom Gerle, Prieur de la Marne, Thouret et Grégoire.

Au milieu de la longueur du grand mur, en face de l'entrée, un édicule en marbre blanc au dessus duquel une plaque de bronze répète le serment immortel : « Nous jurons de ne jamais nous séparer et de nous rassembler partout où les circonstances l'exigeront jusqu'à ce que la constitution du royaume soit établie et affermie sur des fondements solides. » Puis, au dessous, en lettres d'or taillées dans le marbre : « Ils l'avaient juré, ils ont accompli leur serment. »

En avant, la statue de marbre blanc de Bailly debout, ses « Cahiers » ouverts à ses pieds et, la tête haute, étendant la main droite en prononçant le serment que conservent le bronze et l'histoire.

Sur la vaste paroi de gauche et en couvrant toute la largeur, la reproduction de la célèbre esquisse de David : Le Serment du Jeu de Paume, tableau conçu au lendemain même, tout contemporain de la scène fameuse et qui en la jetant ici, tout empreinte de ses enthousiasmes, sous les yeux du spectateur, repeuple et ranime pour un moment la salle vide et muette.

Enfin en regard, sur la paroi opposée, les décrets de la Convention, de la Chambre du gouvernement de 1830, des Assemblées Nationales de la deuxième et de la troisième République qui ont voté, confirmé et enfin, ce qui compte davantage encore, réalisé le classement d'honneur et la conservation du Jeu de Paume comme monument historique et national, pendant qu'à leurs côtés, une idée heureuse a redit quelques strophes du dithyrambe qu'André Chénier, à la même époque, consacrait au même sujet sous le même titre, en le dédiant au peintre, son coreligionnaire et ami dont l'œuvre éloquente précédait et inspirait la sienne.

Ainsi poésie et peinture, ces nobles filles de la pensée humaine, semblaient s'unir pour redoubler et grandir leur juste hommage, et l'on eût dit que c'était le passé lui-même qui prenait ainsi un double langage pour saisir les sens et l'esprit des nouvelles générations en recommandant un grand événement à leur gratitude éternelle.

Comment, à son appel et sous son empire, l'imagination n'eût-elle pas trouvé un de ces éveils où elle déploie tant de séduction et de puissance? Avec elle, on suivait des yeux, on entendait cette foule d'hommes inquiète mais résolue, attristée mais enthousiaste et confiante. Mêlé au milieu d'elle, on les voyait s'aborder, se serrer les mains, passer de l'un à l'autre, jurer d'avance ensemble et l'un à l'autre.

Puis, tout à coup, Bailly apparaissait au-dessus des têtes. Monté sur la table grossière empruntée au logement du gardien et qui venait de lui servir à écrire, il lisait d'une voix ferme et haute la formule du Serment que tous les membres de l'Assemblée, les mains étendues, acclamaient, reprenaient, redisaient tous ensemble et tour à tour dans un élan indescriptible, pendant que dans la rue, au pied des murs, une foule amassée recueillait d'abord en silence puis répétait à son tour les paroles du Serment qui lui parvenaient distinctes

à travers les grillages, en les couvrant à la fin
d'acclamations passionnées qui se prolongeaient,
comme une trainée d'admiration, d'encouragement
et de joyeuse espérance, jusque dans les rues envi-
ronnantes.

***

C'était sous cette impression vive que le jeune
homme avait terminé ce que le poète même du
Serment avait appelé l'hommage civique, la visite
des lieux saints des temps nouveaux ; sous cette
impression qu'il avait quitté. le Jeu de Paume
puis Versailles, n'ayant plus que des sentiments et
des regards de dédain pour les témoignages ou les
magnificences des œuvres matérielles des hommes
si froides, si pàles, si effacées devant ces grandeurs morales ; sous cette impression qu'il était
rentré à son humble et solitaire demeure et s'était
replacé heureux, exalté, fortifié à sa table de
travail.

Là, il n'avait pu se résoudre à se séparer encore de ces hommes exceptionnels de la grande Assemblée avec lesquels il venait de passer près d'un jour. Il avait voulu les suivre, les rejoindre dans ses livres et, en effet, il les y avait suivis et retrouvés.

Un épisode surtout de cette puissante vie d'alors, qui en était si féconde, l'attirait d'une séduction irrésistible. Bien des fois il en avait lu les émouvants récits, mais il voulait les reprendre encore.

C'étaient ceux de cette nuit fameuse du 4 août si prolongée et si rapide, si précipitée et si remplie, signalée à l'attendrissement public par un mouvement si extraordinaire de sacrifices, où le siècle avait accompli son pas décisif, où s'étaient non pas seulement produits et fixés mais réalisés les principes et le programme de droits, de bienfaits, de réformes qui devaient constituer, au point de vue social, la Révolution tout entière.

Mais la soirée s'avançait. Elle avait été longue. Redoublée par la lourdeur de ce soir d'été, la langueur qui suit l'excès de travail cérébral envahissait ses membres, et sa pensée lui échappait incertaine. Sa tête se renversa en arrière, pendant que ses yeux se fermaient lassés.

Alors, une voix douce qui ne parut pas le surprendre, vint murmurer à son oreille : enfant, il est temps de dormir.

Ses yeux se rouvrirent à demi, et son regard, glissant un moment entre ses paupières tremblantes, alla d'un trait d'éclair chercher le portrait au voile noir.

Encore un moment, répondait-il dans sa pensée. Je voudrais encore les entendre.

Ah! que j'aurais été heureux d'appartenir à ce temps extraordinaire, de vivre avec eux, de respirer à leurs côtés leur pure et salubre atmosphère de désintéressement et de patriotisme!

Que ne donnerait-on pas pour les voir, ne fût-ce qu'une heure de sa vie!

Les voir! le veux-tu? reprit un murmure plus faible encore.

Sa main était restée étendue toute ouverte sur la table, appuyée sur la dernière page consultée d'un livre. Sans hésiter, sans chercher à voir, il la referma doucement comme si une autre main fût venue se poser dans la sienne, en même temps qu'un sourire attristé s'ébauchait sur ses lèvres un instant entr'ouvertes.

Alors, il sentit un léger souffle effleurer son front et ses cheveux d'un frisson rapide. Puis, semblable à un autre souffle, un murmure passa, mais si faible, quoique tout proche, qu'il se pencha pour l'entendre.

Eh ! bien, viens, dit la voix.

LA NUIT DU 4 AOUT

1789

Il se trouva à l'entrée d'une pièce immense, très élevée de plafond, longue et large comme une cathédrale.

Devant lui, en effet, une vaste nef; à droite et à gauche, la bordant sur toute sa longueur, une file de hautes colonnes espacées qui laissaient, entre elle et les murs, des bas côtés de plusieurs mètres formant des galeries latérales ou, si l'on veut, des sortes de tribunes.

Dès le premier coup d'œil, apparaissaient d'étranges disparates. La salle, qui visiblement était et depuis longtemps une salle de fêtes, offrait partout l'aspect d'un luxe achevé, mais en même temps, par un air de négligence et d'aban-

3.

don comme par son mobilier tout provisoire, elle
attestait un changement brusque de destination.

Des lustres qui la garnissaient, un petit nombre
seulement étaient allumés. Quelques appliques
sur les murs complétaient l'éclairage.

A l'un des bouts, un bureau venu d'ailleurs,
une tribune improvisée et assez grossière. En
avant et jusqu'au fond, des rangs de banquettes
mobiles dépouillées de leurs housses d'apparat et
placées transversalement à plat, sur deux lignes
avec un large passage au milieu.

Dans le premier moment, il sembla au nouveau
spectateur que cette salle était silencieuse et vide.
Mais, en quelques instants, on eût dit qu'un
brouillard se dissipait sous ses yeux, et que du
fond de ses nuages peu à peu évanouis, émer-
geaient une à une et groupe à groupe, une foule
de figures d'abord semblables à des ombres, qui
s'épaississaient à mesure jusqu'à devenir nettes,
distinctes, diverses, animées, agissantes, vivantes,
en même temps que leurs voix prenant corps arrivaient de toutes parts à ses oreilles.

C'étaient, au nombre de près de mille membres présents, les États Généraux qui, en possession depuis le 17 juin, sur la motion de Sieyès, de leur nom l'Assemblée Nationale, tenaient séance.

Il en reconnut aussitôt un très grand nombre d'après les portraits qu'il avait recherchés et dont il avait fait l'étude.

Le Chapelier, présidait. Au bureau siégeaient avec lui comme secrétaires, Sieyès et Stanislas de Clermont-Tonnerre, Emery et Fréteau, l'abbé de Montesquiou et Péthion.

La noblesse sur l'un des côtés, le clergé de l'autre, le Tiers-État en face.

Dans la foule, il chercha des yeux Mirabeau, il n'y était pas. Mais il aperçut à leurs places, au milieu de tant d'autres, Mounier et les deux Lameth, Cazalès et Duport, Barnave, Clerget et l'abbé Grégoire, Christin, le collaborateur de Voltaire dans la campagne pour les serfs de Saint-Claude, Rewbell et Robespierre, la plupart des grands acteurs actuels ou futurs du drame de l'époque.

Chose singulière ! Ces hommes, il les aperce·
vait tels qu'ils étaient dans le moment, presque
tous jeunes, tous ardents, résolus, pleins de vie.
Mais en même temps, par une sorte de prestige
magique, sans le chercher, sans le vouloir, il les
voyait comme environnés non seulement de leur
histoire passée, mais des événements si divers de
leurs futures destinées.

Derrière les colonnes et séparée de l'Assemblée
par de simples balustrades portant la trace de
leur construction hâtive, une autre foule aussi
nombreuse, celle d'un public d'hommes et de
femmes serrés les uns contre les autres, couvant
des yeux le spectacle tout nouveau d'une assemblée, buvant toutes ses paroles, d'attitude respectueuse, plus que respectueuse, on pouvait dire
enthousiaste, mais s'associant de toutes parts et
avec passion aux travaux, aux motions, aux discours et témoignant, de temps à autre, de ses
sentiments parfois de désaccord, bien plus souvent d'approbation, par des explosions qu'elle es-
sayait vainement de contenir, et que, du reste, au

sein de cette assemblée encore dépourvue de règlement et d'expérience, presqu'aucun avertisse-
ment du Bureau ne venait reprendre.

L'Assemblée était manifestement nerveuse et
agitée et cet état d'esprit s'expliquait surabondam-
ment par les circonstances de toute nature qui
venaient de marquer en si grand nombre le temps
de sa courte durée.

Pendant six longues semaines, il lui avait fallu
attendre, attendre en la provoquant toujours, la
réunion des trois Ordres, et cela au milieu des
refus, des atermoiements, des excitations de la
Cour, des déceptions répétées, des résistances.

Ces résistances, elle les avait déconcertées et
vaincues par une série de ces actes de patience
et de sang-froid qu'on s'impose mais qui épuisent.
Au fond du cœur, elle gardait les émotions récentes et vives de son expulsion et de son serment
au 20 juin, de la séance royale au 23, de la prise
de la Bastille au 14 juillet. Enfin, depuis trois jours
et notamment dans une séance du matin, sous le
coup de cette pensée que les événements pres-

saient et qu'il fallait en finir, elle avait hâté la discussion de la fameuse « Déclaration des Droits de l'homme et du citoyen » sans pouvoir aboutir à un vote,

Nerveuse et agitée elle était de plus vivement inquiète.

Et comment eût-elle pu ne pas l'être ? A cette heure, il n'y avait guère de membre dans son sein qui n'eût reçu les jours précédents, ou le jour même, des nouvelles de désordres éclatant partout dans le pays: brigands imaginaires attendus partout, ne paraissant nulle part, mais dont l'attente justifiait les prises d'armes suivies à bref délai d'autres faits qui en découlaient comme de source : attaques de châteaux, destruction des chartriers, incendies en place publique des titres de redevances seigneuriales, arrestations arbitraires, violences personnelles.

C'était un mouvement qui menaçait de devenir universel.

On sentait bien que les revendications étaient légitimes, les espérances autorisées, les impatiences inévitables, les satisfactions nécessaires. Mais, en même temps, on restait oppressé par cette pensée que ces justices du peuple menaient à un bouleversement où non-seulement la liberté mais la société pouvait périr ; que l'œuvre était une œuvre de législateurs et qui apparaissait comme de longue haleine. Et alors, on flottait dans cette anxiété terrible : hâtive, ne serait-elle pas impuissante ou contraire ? Réfléchie arrive-rait-elle trop tard ?

Réunie dès six heures, l'Assemblée avait procédé à l'élection de quelques présidents de comités et à celles de ses archivistes.

Elle avait entendu une communication que lui faisait le Roi d'une modification de ministère appelant au Conseil le maréchal de Beauveau, l'archevêque de Vienne à la feuille des bénéfices, donnant la guerre à La Tour du Pin et les sceaux à l'archevêque de Bordeaux et elle avait remplacé les nouveaux ministres dans le sein des comités dont ils faisaient partie,

*

*   *

A huit heures, c'était sous l'empire de ces sentiments tout à la fois de tristesse, d'exaltation, d'impatience que s'ouvrait enfin la séance publique.

Or, la veille, l'Assemblée avait renvoyé à un comité de rédaction un projet d'arrêté destiné à prévenir les troubles. Il venait d'être déposé et le président, Le Chapelier, en donna lecture.

Déjà de toutes parts et en toute circonstance, on prenait l'habitude de s'adresser à l'Assemblée. Par suite et sans presque essuyer de résistance, elle étendait à tout sa compétence et se saisissait de tous les pouvoirs.

Dans ce projet d'arrêté, on interdisait les violences, on recommandait le maintien de l'ordre, on prescrivait le respect des droits existants, l'acquit des impôts établis, ce jusqu'aux réf rmes, on chargeait les municipalités d'assurer la tranquillité publique en requérant, au besoin, la forc armée.

Cette lecture était à peine achevée qu'un député de la Noblesse, tout jeune, portant l'habit militaire et l'épée, se présentait à la tribune près du Bureau — C'était le vicomte de Noailles.

Voué au métier des armes, il avait fait campagne avec Lafayette, Rochambeau, Custines, les deux Lameth, dans la guerre de l'indépendance américaine. Cadet de famille, il avait comme nombre de membres de la jeune Noblesse, chaleureusement embrassé les idées libérales.

Le but, dit-il, du projet d'arrêté que l'Assemblée vient d'entendre est, tout en confirmant les propriétaires dans leurs véritables droits, d'assurer la liberté publique et d'arrêter l'effervescence qui éclate dans les provinces.

Mais comment espérer d'y parvenir si l'on ne recherche d'abord la cause de cette insurrection qui se manifeste dans le Royaume ? Et comment y remédier sans appliquer le remède même que réclame le mal qui l'agite ?

Les communautés ont rédigé des demandes. Est-ce que c'est une constitution qu'elles ont sollicitée? Non ! Elles n'ont formulé ce vœu que dans les bailliages.

Qu'ont-elles donc demandé ? Que les droits d'aides fussent supprimés ; qu'il n'y eût plus de subdélégués ; que les droits seigneuriaux fussent allégés ou échangés.

Voilà l'objet et l'objet précis de leurs vœux.

Or, depuis trois mois, ces communautés voient bien leurs représentants s'occuper dans cette Assemblée de ce que nous appelons et de ce qui est effectivement la chose publique. Mais il ne faut pas nous méprendre, pour elles la chose publique leur paraît être surtout la chose qu'elles désirent et qu'elles souhaitent ardemment d'obtenir, dès l'heure actuelle.

D'après tous nos différends entre représentants de la nation, les campagnes n'ont connu que deux sortes de personnes, d'un côté ceux qui sont avoués par elles et s'emploient pour leurs droits et leur bonheur ; puis, en regard, d'autres, élevés et puissants qui s'y opposent.

Et alors, qu'est-il arrivé de cet état de choses ?

C'est qu'elles ont cru devoir s'armer contre la force qui formait obstacle et aujourd'hui elles ne connaissent plus de frein, de telle sorte que le Royaume flotte, en ce moment, dans l'alternative ou de la destruction de la société, ou d'un gouvernement qui sera admiré et suivi par toute l'Europe.

Ce gouvernement, comment l'établir? Par la tranquilité publique.

Mais cette tranquilité, comment l'obtenir? En calmant le peuple, en lui accordant de ses vœux ce qui est possible et juste, en lui montrant qu'on ne lui résiste que dans ce qu'il est intéressant pour lui-même de maintenir.

Pour parvenir à cette tranquillité si nécessaire, je propose donc, qu'en tête de la proclamation rédigée par le Comité il soit dit:

1° Que les représentants de la nation ont décidé que l'impôt sera payé désormais par tous les individus du royaume, dans la proportion de leurs revenus;

2° Que toutes les charges publiques seront à l'avenir supportées également par tous;

3° Que tous les droits féodaux seront rachetables en argent par les communautés ou échangés
sur le prix d'une juste estimation, c'est-à-dire
d'après le revenu d'une année commune prise sur
dix années de revenu ;

4° Que les corvées seigneuriales, les mainmortes
et autres servitudes personnelles seront abolies
sans rachat.

Ces paroles s'inspiraient d'une appréciation trop
nette de la situation et répondaient trop bien aux
sentiments de l'Assemblée pour n'y pas produire
une impression profonde.

Prononcées avec chaleur, écoutées dans un reli·
gieux silence, elles furent suivies d'une sorte de
murmure approbatif qui s'éleva par toute l'Assemblée et gagna jusqu'aux tribunes, puis d'un assez
vif mouvement d'agitation.

Dans l'Assemblée, où les partis n'étaient pas
encore expressément constitués, les membres se
rangeaient en premier lieu par Ordre, puis souvent
par province ou suivant les liens récents qu'avaient
établis entre eux les clubs déjà formés auxquels

ils appartenaient. Or, entre ces clubs, celui qui portait alors le nom de club breton et qui, après l'avoir échangé contre celui de club des amis de la constitution, devait plus tard à Paris s'appeler le club des Jacobins, comptait nombre de membres dans l'Assemblée. C'est parmi eux que l'agitation parut la plus vive. Aussi, fut-ce précisément leur président, le duc d'Aiguillon qui s'élança à la tribune pour formuler aussitôt et y déposer une proposition semblable.

Le duc d'Aiguillon, le plus grand propriétaire féodal de France après le roi, possesseur d'une immense fortune dont les sources étaient loin d'être pures puisqu'elles ne remontaient rien moins qu'à Richelieu et à l'abbé Terray d'abominable mémoire, sentait qu'il avait beaucoup à se faire pardonner. Lui aussi, il avait fait campagne aux États-Unis avec Lafayette et Noailles et marquait dans le parti libéral.

Messieurs, dit-il, il n'est personne qui ne gémisse des scènes d'horreur dont la France offre le spectacle.

Cette effervescence des peuples qui a affermi la liberté, lorsque des ministres coupables voulaient nous la ravir, est un obstacle pour cette même liberté, dans le moment présent où les vues du gouvernement semblent s'accorder avec nos vœux pour le bonheur public.

Ne nous trompons pas sur ces troubles! Ce ne sont pas seulement ici des brigands qui, à main armée, songent à s'enrichir au sein de la calamité publique. Dans un certain nombre de provinces, c'est le peuple tout entier qui forme une espèce de ligue pour détruire les châteaux, ravager les terres et surtout pour s'emparer des chartriers où sont en dépôt les titres des propriétés féodales.

Que veut-il? C'est secouer le joug qui, depuis tant de siècles, pèse sur sa tête. Et il faut bien l'avouer, si cette insurrection est coupable, car toute agression violente est telle, elle peut trouver son excuse dans les vexations qu'il supporte.

Est-ce à dire que le reproche doive remonter aux propriétaires de fiefs, de terres seigneuriales? Non! il faut le reconnaître, ils n'ont été que bien rarement coupables des excès dont se plaignent leurs vassaux. Mais leurs gens d'affaires sont souvent sans pitié et le malheureux cultivateur, soumis au reste barbare des lois féodales qui subsistent encore en France, gémit de la contrainte dont il est la victime.

Dans ce siècle de lumières, où la saine philosophie a repris son empire, à cette époque fortunée où réunis en vue du bonheur public et dégagés de tout intérêt personnel, nous allons travailler à la régénération de l'Etat, il me semble, messieurs, qu'avant d'établir cette constitution si désirée et que la nation attend, il faudrait prouver à tous les citoyens que notre intention, notre vœu est d'aller au devant de leurs désirs et d'établir le plus promptement possible cette égalité de droits qui doit exister entre les hommes et peut seule assurer leur iberté.

Certainement, il n'est pas possible de demander aux propriétaires de fiefs, aux seigneurs des terres la renonciation pure et simple à leurs droits féodaux. Ces droits, on ne peut se le dissimuler, sont une propriété et toute propriété est sacrée. Ils sont leur propriété. Ils sont la seule fortune de plusieurs et l'équité défend d'exiger l'abandon d'aucune propriété, sans accorder une juste indemnité au propriétaire qui fait céder sa convenance à l'intérêt public. Mais, d'un côté, ces droits sont manifestement onéreux aux populations et tout le monde convient de la gêne continue qu'ils leur imposent et, d'un autre côté, je ne doute pas que les propriétaires, loin de se refuser à reconnaître ces vérités, ne soient disposés à en faire le sacrifice et en consentir à la justice un équitable abandon.

N'ont-ils pas déjà renoncé à leurs priviléges, à leurs exemptions pécuniaires?

D'après ces puissantes considérations et pour faire sentir au peuple que vous vous occupez efficacement de ses plus chers intérêts, mon vœu serait que l'Assemblée Nationale déclarât que les impôts seront supportés également par tous les citoyens dans la proportion de leurs facultés et que, désormais, tous les droits féodaux des fiefs et terres seigneuriales seront rachetés par les vassaux.

ces fiefs et terres s'ils le désirent ; que le remboursement s'effectuera au denier fixé par l'Assemblée
et j'estime, dans mon opinion, que c'est au denier
trente que l'indemnité doit être accordée.

C'est d'après ces principes que j'ai rédigé l'arrêté suivant que j'ai l'honneur de soumettre à
votre sagesse et que je vous prie de prendre en
considération.

L'Assemblée Nationale,

Considérant que le premier et le plus sacré de
ses devoirs est de faire céder les intérêts particuliers et personnels à l'intérêt général ;

Que les impôts seraient beaucoup moins onéreux pour les peuples s'ils étaient répartis également sur tous les citoyens en raison de leurs facultés ;

Que la justice exige que cette exacte proportion
soit observée ;

Arrête que les Corps, villes, communautés et
individus qui ont joui jusqu'à présent de privilèges particuliers, d'exemptions personnelles, sup-
porteront à l'avenir tous les subsides, toutes les

charges publiques, sans aucune distinction, soit
pour la quotité des impositions soit pour la forme
de leur perception.

L'Assemblée Nationale,

Considérant en outre que les droits féodaux et
seigneuriaux sont aussi une espèce de tribut onéreux qui nuit à l'agriculture et désole les campagnes;

Ne pouvant se dissimuler néanmoins que ces
droits sont une véritable propriété et que toute
propriété est inviolable;

Arrête que ces droits seront, à l'avenir, rem-
boursables à la volonté des redevables, au denier
trente ou à tel autre denier qui, dans chaque province, sera jugé plus équitable par l'Assemblée
Nationale, d'après les tarifs qui lui seront pré-
sentés.

Ordonne enfin l'Assemblée Nationale que tous
ces droits seront exactement perçus et maintenus,
comme par le passé, jusqu'à leur parfait remboursement.

On sentait, à mille symptômes, que dans cette

assemblée placée sous le souvenir toujours présent des longues souffrances populaires, sous l'influence puissante de l'éloquence et des doctrines
de Jean Jacques, des « cahiers », des discussions électorales encore récentes, la sensibilité
était vive, prompte, extrême ; que le bien public
n'était pas seulement un mot sur toutes les lèvres
mais un rêve de tous les esprits, une passion de
toutes les âmes.

Ces deux motions présentées coup sur coup,
avec un accent qui attestait le désir ardent de
calmer les troubles en adoucissant les maux et
comblant les vœux des campagnes, suscitèrent une
sorte de transport de joie profonde.

Aussi, un député du Tiers Etat se leva-t-il aussitôt pour s'en faire l'interprète.

Qui était-il ? Dans cette assemblée toute nouvelle, on ne se connaissait guère encore. D'autre
part, nul n'y songeait à prendre acte ou à se faire
honneur d'une intervention personnelle, et pour
élever ses membres au-dessus de tout calcul et de
tout orgueil, l'Assemblée avait même décidé de ne

mentionner aucun nom à ses procès-verbaux offi-
ciels. L'orateur auquel le bureau se borna à donner
la parole est demeuré inconnu. En quelques mots
prononcés du milieu de ses collègues, il applaudit
aux motions formulées et termina en faisant re-
marquer, par une provocation habile, combien il
serait touchant pour tous les citoyens d'apprendre
qu'au moment où les Députés des communes avaient
appelé l'Assemblée Nationale à protéger contre les
violences la personne et les propriétés des nobles,
ceux-ci, par un retour généreux, donnaient à
toutes les classes du peuple français une preuve
si marquée de leur patriotisme.

Avec Dupont de Némours qui lui succédait,
c'est pour un moment un autre langage qui se
fait entendre. Beaucoup plus âgé que les précédents, tempérament froid, esprit méthodique, ce
qu'il écoute et apporte ce n'est plus le sentiment
qui entraîne, c'est la raison d'Etat qui réclame et
essaie de reprendre l'empire.

Un désordre universel, dit-il, s'est emparé du
pays en présence de l'inaction de tous les agents

du pouvoir. Or, aucune société politique ne peut existor un seul moment sans lois et sans tribunaux pour garantir la liberté, la sûreté des personnes et la conservation des propriétés. Il insiste donc sur la nécessité de maintenir les lois, quoique imparfaites, qui ont pour objet la conservation de l'ordre général et en conséquence il propose :

De déclarer que tout citoyen est obligé d'obéir aux lois en respectant la liberté, la sûreté et la propriété des autres citoyens ;

Que les tribunaux doivent agir sans cesse pour l'exécution de ces lois ;

Et qu'il est enjoint par elles, comme par le vœu des représentants de la nation, aux milices bourgeoises et à tous corps militaires de prêter main-forte pour le rétablissement de l'ordre et de la paix et pour la protection des personnes et des biens, toutes les fois qu'ils en seront requis par les municipalités et les magistrats civils.

Somme toute, avec Dupont de Nemours, les premières impressions se trouvaient refroidies et les considérations d'ordre public primaient d'assez

haut les élans de la commisération et de la justice.

Mais, à ce moment, la scène changeait brusquement et à la tribune paraissait une figure saisissante.

C'était un homme ayant dépassé la moitié de la
vie, robuste, de haute taille, sorte de paysan du
Danube, presque aussi fruste, moins barbare mais
non moins éloquent que l'autre ; longs cheveux
grisonnants tombant sur les épaules, habit de bas
breton ; longues guètres montantes.

Il s'appelait Leguen de Kerangal et était en
effet député de la Basse-Bretagne,

Son chapeau à larges bords à la main, il prenait
la parole d'une voix rude mais empreinte d'une
autorité singulière.

Messieurs, dit-il, vous auriez prévenu l'incendie
des châteaux si vous aviez été plus prompts à déclarer que les armes terribles qu'ils contenaient et
qui tourmentent les peuples allaient être anéanties
par le rachat forcé que vous étiez près d'or-
donner.

Le peuple, impatient d'obtenir justice et las de l'oppression, s'empresse de détruire ces titres, monuments de la barbarie de nos pères.

Soyons justes, messieurs, qu'on nous apporte donc ici ces titres qui outragent non seulement la pudeur mais l'humanité même !

Qu'on nous apporte ces titres qui humilient l'espèce humaine, en exigeant que les hommes soient attelés à une charrette, comme les animaux du labourage !

Qu'on nous apporte ces titres qui obligent les hommes à passer les nuits à battre l'eau des étangs pour empêcher les grenouilles de troubler le sommeil de leurs voluptueux seigneurs !

Qui de nous, dans ce siècle de lumières, ne ferait pas un bûcher expiatoire de ces infâmes parchemins et ne porterait pas le flambeau pour en faire un sacrifice sur l'autel du bien public ?

Sachez-le , vous ne ramènerez le calme dans la France agitée que quand vous aurez promis au peuple que vous allez convertir en prestations en argent, rachetables à volonté, tous les droits féodaux quelconques ; que les lois que vous allez promulguer anéantiront, jusqu'aux moindres traces, les droits de servitude dont il se plaint justement.

Dites-lui que vous reconnaissez l'injustice de ces droits acquis dans des temps d'ignorance et de ténèbres !

Mais, pour le bien de la paix, hâtez-vous de donner ces promesses à la France !

Un cri général se fait entendre. Vous n'avez pas un moment à perdre. Un jour de délai occasionne de nouveaux embrasements. La chute des empires s'annonce avec moins de fracas.

Ne voulez-vous donner des lois qu'à la France dévastée ?

Aux rêves heureux de tout à l'heure, à la pensée des réformes bienfaisantes, à l'espérance de l'adoucissement tranquille des maux du peuple, ces paroles venaient ajouter cette note tragique qui réclame partout sa place et se montre toujours et partout la plus puissante.

Dans cette assemblée, ou tout au moins parmi

les députés du Tiers État qui en formaient le plus grand nombre, il n'y en avait pas un qui n'eût été sinon la victime à coup sûr le témoin des excès et des avanies, des outrages et des plaintes. Pour tous, elles en évoquaient soudainement les souvenirs, les retentissements, les images. Il n'était pas jusqu'à leur rudesse éloquente qui n'en doublât l'accent et la force.

Le cri pathétique qui les terminait remuait tous ces hommes jusqu'aux entrailles et formait pour eux un appel irrésistible.

Des applaudissements éclatèrent de toutes parts, acclamations qui, on le sentait bien et à leur honneur, n'avaient rien d'un hommage de vanité pour l'orateur, rien d'un témoignage pour sa personne, non, mais qui visiblement portaient avec elles un remerciement pour le secours prêté, pour les perspectives ouvertes, une adhésion, une promesse, une assurance de décision.

L'enthousiasme saisit toutes les âmes.

*

*   *

Et alors, une scène extraordinaire commença.

De tous les côtés, sur tous ces bancs serrés d'une colonne à l'autre, depuis le pied du bureau présidentiel jusqu'au dernières profondeurs de la salle immense, nobles, membres du clergé, députés des communes, se levaient avec élan pour formuler à l'envie des motions sans nombre ; parlant, tantôt à la tribune, tantôt de leurs places, de telle sorte qu'en même temps qu'elle était traversée dans son milieu par un courant sans relâche, l'Assemblée offrait le spectacle, plus étrange et plus dramatique encore peut-être, de manifestations successives qui, éclatant sur tous les points par intervalles, ressemblaient à des explosions disséminées, attestant partout la même passion, sous le même sol la même flamme.

En premier lieu, ce fut le marquis de Foucault qui s'éleva avec vigueur contre l'abus des pensions, notamment des pensions militaires.

Il demande que le premier sacrifice soit celui que feront les grands du royaume et cette portion de la noblesse, très opulente par elle-même, qui vit sous les yeux du prince et sur laquelle il verse sans mesure et accumule en toute occasion des dons, des largesses, des traitements excessifs fournis et pris sur la pure substance des campagnes.

Depuis longtemps, ces abus étaient en effet intolérables. Favoris, favorites en avaient porté la renommée jusqu'au scandale. L'Assemblée marqua aussitôt son assentiment avec chaleur.

Après lui, le vicomte de Beauharnais auquel se joint le député de Blois vient formuler une double motion.

D'un bout à l'autre du pays, vingt sortes de juridictions, vingt sortes d'immunités établissaient partout entre les hommes d'un même peuple, suivant les rangs, les classes, des privilèges choquants, d'un côté le défaut absolu de protection, de l'autre des impunités coupables. Il propose d'établir pour toutes les classes de citoyens l'égalité des peines.

En même temps, il demande à l'Assemblée d'é-
dicter leur admissibilité à tous les emplois ecclésiastiques, civils et militaires.

Prêchée par tous les livres des philosophes et des
publicistes de cette fin de siècle, réclamée par
tous les Cahiers des provinces, l'égalité des peines
était devenue une question populaire, un vœu universel. Revanche des mépris aristocratiques et
d'une exclusion séculaire, l'admissibilité à tous
les emplois apparaissait pour ce qu'elle était en
effet, c'est-à-dire comme une question d'honneur,
comme l'une des conditions et l'un des gages de
l'égalité même.

Une vive acclamation aussitôt consignée par le
Bureau à son procès-verbal marqua que l'Assemblée se prononçait sans conteste pour l'une et pour
l'autre.

Presque aussitôt, des griefs en partie du même
ordre — et pour qui alors les griefs n'étaient-ils
pas sans nombre ? — amènent à la tribune un député du Tiers-Etat nommé Cottin.

Reprenant un mot qui avait été lancé incidem-

ment par le duc d'Aiguillon dans son improvisation, il rappelle les abus de pouvoir des agents inférieurs des justices seigneuriales, montre les populations à tout moment froissées, dépouillées,
violentées, gémissantes sous leur tyrannie et appelle l'Assemblée à faire disparaître sans tarder
ces justices odieuses, avec tous les débris du régime féodal qui opprimait et écrasait le peuple des
agriculteurs.

Est-il besoin de dire que de pareils souvenirs
étaient trop vivants, les rancunes trop amassées et
trop justes pour qu'une telle proposition ne trouvât
pas faveur et que d'avance elle était accueillie ?

A ce moment, l'Evêque de Nancy s'emparait de
la parole après l'avoir disputée à l'un de ses collègues : Accoutumés, dit-il, à voir de près la misère
et les douleurs des peuples, les membres du clergé
ne forment d'autre souhait que celui de les voir
cesser.

Le rachat des droits féodaux était réservé à la
nation qui veut établir la liberté.

Mais les honorables membres de cette Assem-

blée qui ont déjà parlé n'ont demandé le rachat
qu'en ce qui concerne les propriétaires. Je viens
exprimer, au nom du clergé, le vœu de la justice,
de la religion et de l'humanité. C'est celui du rachat pour les fonds ecclésiastiques. Ce rachat, je
le demande et je demande en outre qu'il ne tourne
pas au profit du seigneur ecclésiastique, mais que
les sommes à en provenir soient employées en pla-
cements utiles à l'indigence.

L'inspiration était généreuse, inattendue peut-
être, la motion est adoptée et l'orateur acclamé de
tous les points de l'Assemblée, pendant que malgré
le respect, des témoignages plus contenus éclatent sur plusieurs points des tribunes publiques, de
plus en plus entraînées dans le courant de l'émotion générale.

Avec l'Evêque de Chartres qui succède à l'Evêque
de Nancy, c'est une autre question qui paraît à la
tribune, question de dernier ordre en apparence,
presque frivole au premier coup d'œil mais brûlante entre tant de questions brûlantes et qui, dans
ce temps où tout ruinait, blesssait, luttait, avait

ncore le privilège de soulever une passion particulière du côté de l'attaque comme du côté de la
résistance.

C'était celle du droit de chasse.

Malgré l'âpreté extrême des convoitises, des ja-
lousies, des inimitiés, des rigueurs on peut dire
implacables qui s'attachent, encore de nos jours,
à ce droit et à ses jouissances, il est impossible
aujourd'hui de se faire une idée de ce qu'il était
alors, non plus que de ce qu'il inspirait ici d'atta-
chement, là de réprobation et de haine.

Le droit exclusif de chasse était, pour le seigneur, marque de pouvoir, distinction souveraine,
satisfaction d'orgueil, plaisir par excellence.

Du côté de l'homme qui travaillait la terre, il
n'était et ne rappelait qu'avanies, ruine, désespoir,
accompagnés d'exigences et de cruautés abominables. Ne fallait-il pas perdre la récolte à longueur
de faux autour du nid de la perdrix du noble? Ne
fallait-il pas souffrir sans se plaindre les ravages
du gibier pullulant sous les défenses, laisser courir le seigneur et ses amis, ses chevaux, ses va-

lets et ses meutes à travers les moissons? Jusqu'à la Révolution enfin, ne pendait-on pas pour un délit de chasse?

La chasse était le fléau, la malédiction et l'horreur des campagnes.

C'est contre ce privilège que l'évêque de Chartres s'élevait au nom des cultivateurs déjà si cruellement éprouvés, disait-il avec raison, par les éléments dans ces dernières années. C'est lui dont il demandait l'abolition, déclarant que pour sa part, il en faisait d'ores et déjà l'abandon, heureux de pouvoir donner aux autres propriétaires du royaume cette leçon, cet exemple d'humanité et de justice.

Sur ces paroles, une multitude de voix se font entendre sur les bancs de la noblesse. Sous les seules observations que le droit de chasse appartiendra au propriétaire sur sa terre et que des mesures de prudence seront édictées pour garantir la sûreté publique dans les campagnes contre l'usage nouveau des armes à feu, l'abandon du droit exclusif de chasse est proclamé de toutes parts.

En regard le clergé se lève tout entier pour adhérer à la mesure.

Au milieu d'eux, sous les yeux de la foule attendrie des tribunes, la phalange compacte du Tiers-Etat se lève à son tour, acclamant le clergé, la noblesse, les remerciant avec effusion de leurs sacrifices dont ils apprécient la portée pour la prospérité du pays, pour le soulagement, la joie, la reconnaissance de toute la population de la terre française.

C'est un tel ensemble d'applaudissements, un tel transport que devant l'émotion générale la séance reste quelques instants suspendue.

*

Cependant, à la pensée même de cette tâche du bien public à poursuivre, au bout d'un moment elle est reprise. Mais l'élan avait été tel, mais les esprits, et pourquoi ne pas dire aussi les cœurs avaient été portés à un tel diapazon d'enthousiasme, de contentement du devoir accompli, de joie du sacrifice, qu'ils ne pouvaient plus redescendre et que, si elle reprit avec plus de calme, ce fut toutefois sur les mêmes voies et avec une ardeur égale.

Lepelletier de Saint-Fargeau qui, plus tard devait périr frappé par le garde du corps Pâris et dont la mort ne fit que précipiter pour quelque part le courant révolutionnaire, appuie, au nom de tous les sentiments de la commisération et de la justice, sur la nécessité de hâter le soulagement des propriétaires et des laboureurs accablés de tant d'infortunes. L'année est déjà plus qu'à sa moitié ; mais il insiste pour qu'il soit stipulé que la renonciation aux privilèges et aux immunités pécuniaires s'appliquera à cette présente année et que la cotisation des nobles et autres exemptés viendra, dès cette année même, à la décharge des autres contribuables, dans la forme qui sera déterminée par les Assemblées provinciales.

L'évêque de Nîmes ajoute que s'il est digne d'approbation d'alléger, en les étendant sur les classes jusqu'ici exemptes, les charges des redevables qui peuvent acquitter l'impôt, il est aussi juste, aussi pressant de se souvenir des misérables qui ne sont en état d'en supporter aucune et il propose d'en exempter les artisans, les manouvriers, tous ceux qui ne possèdent rien au monde.

L'assemblée manifeste un assentiment unanime.

Un député nommé de Richer, revenant sur la mesure accueillie tout à l'heure de l'abolition des justices seigneuriales et sur les bienfaits qu'elle promet aux populations, demande qu'en édictant les mesures nécessaires pour prévenir la multiplicité et la longueur indéfinie des procès, et prenant en main la protection des moins aisés et des faibles, l'Assemblée vote la gratuité de la justice dans tout le royaume.

Et en effet, l'Assemblée sensible à une réforme aussi importante, s'empresse de donner satisfaction à ce vœu souvent formulé dans les cahiers des provinces.

En même temps un député de Franche-Comté, d'accord avec ceux de Provence, propose l'extinction de la vénalité des offices et l'Assemblée accueille cette idée avec transport.

Les membres souvent bien peu aisés et parfois tout à fait pauvres de ce qu'on appelait volontiers le bas clergé même dans l'Eglise, par opposition à ses hautains et riches dignitaires, s'étaient placés dès le début, au premier rang des libéraux de l'Assemblée, et c'était aussi les premiers qu'ils s'étaient réunis au Tiers-Etat. Tourmentés sans doute, malgré leur quasi-dénuement, du désir de faire aussi leur sacrifice, plusieurs curés demandèrent de leur place qu'il leur fût permis, pour alléger les charges de leurs ouailles, de renoncer aux profits de leur casuel.

Mais on savait leur situation et cette abnégation dans l'insuffisance des ressources était touchante. Au nom de tous, un membre de la Noblesse demande pour ces précieux serviteurs de la nation, pour cette classe dévouée des ministres du culte, malgré leur insistance, l'augmentation de leurs

traitements fixes connus alors sous le nom de « por-
tions congrues ». Et devant ce généreux désaccord, les applaudissements éclatent de nouveau et
redoublent sur tous les bancs et parmi tous les
Ordres.

L'exemple ne pouvait être perdu. Par une ré-
flexion inverse, il évoquait, à la charge de l'Eglise,
des abus intéressés, des droits injustifiables, des
exploitations qui devaient s'éteindre comme les
autres.

Les députés Duvernay, curé de Villefranche en
Beaujolais, et Goulard, de Rouanne, curé d'Eglise-
Neuve, annoncent leur intention de remettre les
bénéfices dont ils jouissent pour s'en tenir à leur
cure.

Un grand nombre de leurs collègues réclament
sur ce point l'exécution des canons et, se référant
à leurs prescriptions, l'Assemblée se prononce
contre le cumul des bénéfices.

Nombre de seigneurs ecclésiastiques perce-
vaient à leur profit, sous le nom de déport et de
vacat, la première année du revenu des cures à

chaque changement de titulaire. Ce prélèvement accroissait l'excès de richesse des hauts dignitaires.

Sur la déclaration de l'évêque de Coutances qu'il en fait spontanément l'abandon pour ce qui le concerne, en ne le réservant que pour ses archidiacres jusqu'à ce qu'ils y aient eux-mêmes renoncé, l'Assemblée en décide, à titre de mesure générale, la suppression.

Le pape faisait verser à la caisse de sa chambre apostolique, sous le nom d'annate, la première année de tous les bénéfices ecclésiastiques auxquels on était amené à pourvoir sur toute l'étendue de la France.

Un député ecclésiastique de Lorraine exprime le vœu que tout en demeurant et se déclarant unis de cœur et d'esprit au chef de l'Eglise, on stipulât la suppression de ce droit.

Plusieurs députés remontrent avec raison qu'une pareille perception, au profit d'une puissance'étrangère, amoindrit la fortune du pays, et une approbation unanime abolit pour l'avenir les annates.

Le duc du Châtelet enfin, prenant à son tour la parole, formule expressément la motion qu'à la dîme du clergé il soit substitué une taxe en argent, avec faculté de rachat comme pour les droits seigneuriaux.

Puis, au moment de finir, appuyant avec vivacité les décisions prises au sujet de ces derniers droits, il annonce qu'il a été heureux de devancer les vœux de l'Assemblée et que, pour ce qui le concerne, ainsi qu'il a déjà eu l'occasion d'en rendre compte, il a fait offrir à tous ses vassaux de les admettre sans délai à ces différents rachats.

Tant de sentiments généreux échangés sans trève, la pensée véritablement enivrante que tant de changements discutés, souhaités, poursuivis depuis des années et auxquels, dès l'année précédente, les assemblées de Romans et de Vizille, suivies de cœur par la France entière, avaient déjà donné un corps, se trouvaient réalisés en si peu d'heures ; le souvenir impérieux de tant de mémoires rédigés de toutes parts, de tant de réclamations qui avaient été portées, maintenues à l'ordre du jour dans les Assemblées provinciales et dans les assemblées des bailliages et autres où sur tous les points de la France ses citoyens avaient pu se réunir depuis dix-huit mois ; la conscience d'une grande œuvre accomplie ; les perspectives entrevues, mesurées, bénies de tant de réparations aux injures et aux misères publiques ; tant de sacrifices appelés sans doute par les circonstances mais qui se déroulaient soudainement, coup sur coup, sous les mêmes yeux, dans un élan tout volontaire ; tout cela jeté à la fois sur des âmes déjà surexcitées avait porté l'émotion à un tel point de vivacité extrême qu'au cours des motions, on n'avait pu trouver qu'à demi et à peine le temps de stipuler les mesures de prudence sous lesquelles il convenait de placer tant de réformes salutaires.

Les heures avaient passé : On ne s'en apercevait pas. Pour tous, la fatigue était venue : Elle ne trouvait personne pour la sentir. L'enthousiasme allait croissant toujours et le spectacle d'effusion, d'attendrissement, de transport que présentail'Assemblée devenait plus vif et plus animé d'heure en heure.

Rien n'est oublié, omis, épargné.

Les colombiers, possession exclusive de l'aristo-cratie, blessaient comme tout privilège. Jamais fermés, même au moment des semailles, ils en doublaient souvent les dépenses, les travaux et en ruinaient parfois l'espérance.

Les nobles en apportent à l'envi le sacrifice et pour que la gaieté française et l'aimable élégance d'une société cultivée ne perdent pas leurs droits même au sein d'une tâche grandiose, l'un d'eux, le comte de Virieu, pauvre malgré son titre, offre, dit-il, à défaut d'autres biens, le moineau de Lesbie.

L'organisation des corporations d'arts et mé-tiers, avec ses maîtrises, ses jurandes, n'était qu'un régime légal de constante violation de toute liberté du travail et que l'oppression héréditaire des classes laborieuses d'alors par une minorité inexorablement fermée.

Elle avait suscité contre elle le bon sens par le

ridicule, l'opinion par le scandale, le ressentiment par les exigences, la révolte par l'excès des rigueurs.

Le député du Beaujolais propose, aux applaudissements de l'Assemblée, d'en réformer les lois et d'en ramener le régime aux conditions réclamées par la justice et l'intérêt général.

Puis, la tristesse remontant à la pensée avec le souvenir des misères profondes, on revient brusquement sur l'urgence d'éteindre, d'une façon absolue, les mainmortes qui obscurcissent encore et déshonorent le ciel de France.

L'archevêque d'Aix fait un énergique tableau des maux de la féodalité et, devançant les prévisions et la prudence des rédacteurs futurs des codes, il prouve la certitude inévitable du retour de ces mêmes assujettissements, sous le coup des inspirations de la misère, si l'on ne prévient toutes conventions de ce genre. Il propose en conséquence de déclarer nulles à l'avance toutes stipulations susceptibles de les faire revivre.

En même temps, il rappelle les maux non moins

effrayants peut-être que l'extension arbitraire des impôts et surtout des droits prétendus domaniaux, de la gabelle et des aides, a enfantés dans tout le royaume où l'esprit de fiscalité paralyse l'épargne, absorbe l'aisance, arrête la circulation nécessaire des fonds, corrompt la loyauté et la droiture des sentiments du peuple, comme il altère la sincérité des contrats et des actes ; et, deux fois, ses paroles sont accueillies par des applaudissements unanimes.

Abus de pouvoir, excès de charges, mainmortes survivantes, menaces de servitudes futures que pouvaient ressusciter les désespoirs du dénuement aux prises avec les complicités sans pudeur ni pitié de l'avarice, hautement, ardemment, l'Assemblée jure de tout prévenir, tout réprimer, tout anéantir.

*
*   *

Arrivée là, l'Assemblée pouvait jeter un regard

tranquille en arrière sur cette séance si largement remplie.

Elle pouvait se sentir fière et, ce qui valait mieux, satisfaite de sa tâche à la vue de ces réformes si nombreuses, si capitales, qui constituaient, dans leur ensemble assis désormais et fondé, tout le gros œuvre de la Révolution.

En vérité, ne semblait-il pas pas que tout fût fini et que le temps qui dévore les grandeurs du monde comme ses infamies, ses crimes, ses faiblesses, allait baisser son rideau fatal, sans recours ni retour, sur cette scène émouvante qui durait depuis près de quatre heures.

Tout au contraire, un nouvel ordre de réparations et de bienfaits allait réveiller l'attention, la sympathie, l'esprit de justice, le sentiment patriotique et, à cette scène qui semblait se clore, faute d'aliment comme sous le coup de la lassitude de ses acteurs, succédait pour la continuer, la reprendre, une autre scène plus pressée, plus rapide, mais non moins attachante ni moins extraordinaire.

A côté en effet des grosses iniquités du vieil

état social, il en était une foule de tous rangs, de toutes tailles, de toutes portées. A côté des oppressions générales, il y avait les immunités particulières, les inégalités collectives ou personnelles qui s'étendaient à l'infini et revêtaient toutes les formes, dans un temps et sous un régime où tout se trouvait constitué sur la base du privilège. Ce furent celles-ci qui surgirent tout d'un coup dans la pensée et suscitèrent, sans hésitation comme sans trêve, un mouvement égal de générosité civique.

Et d'abord, se présentèrent à la file, sur les marches du bureau envahies tout entières, les députés des provinces appelées Pays d'États qui tantôt entraînés personnellement par une impulsion de désintéressement, tantôt se prévalant des sentiments semblables exprimés dans les cahiers de leurs commettants, tantôt encore osant les présumer et se portant fort d'une ratification certaine, vinrent offrir la renonciation aux privilèges de leurs provinces pour, en leur place, s'associer au régime nouveau que la justice du roi, encore à quelque degré populaire, et celle surtout de l'Assemblée préparaient à la France entière.

Les premiers en tête de tous, les députés du Dauphiné apparurent.

Non sans un juste sentiment de fierté, ils rappelèrent ce que l'année même précédente, leurs Etats avaient délibéré à Vizille, dans ce concile civique qui avait été comme le précurseur de l'Assemblée Nationale ; comment ils avaient ouvert la voie, dressé le programme, trouvé et indiqué les formes, donné la leçon et l'exemple, adressé à tous les autres Pays d'Etats l'invitation de les suivre et comment cette invitation avait retenti dans toute la France, ainsi qu'un appel d'armes, pour la remuer, l'éclairer, l'unir dans une immense conformité de vœux.

Cette fois, c'était devant l'Assemblée Nationale qu'ils apportaient le même avis, formulaient leurs souhaits, elle qu'ils priaient de les accueillir, à elle qu'ils demandaient de leur donner acte de leur renonciation formelle.

Après eux, dans le même moment, les députés

des communes de Bretagne s'approchaient pour exprimer leurs adhésions que, suivant la teneur de leurs mandats, ils avaient préparées dans des termes divers.

Mais, avant de leur donner la parole, le président de l'Assemblée Le Chapelier, comme eux député de Bretagne, se lève. Il réclame le droit que sa place paraissait lui donner, de ne laisser à personne mais de retenir pour lui-même le soin de présenter le vœu de sa province.

Alors, après avoir exposé les motifs de prudence et de prévoyance qui avaient engagé quelques sénéchaussées et notamment celles de Rennes, Nantes, Guérande, Vannes, Dol, Dinan, Quimperlé, Carhaix, Chantelain, Fougères à lier momentanément et en partie les mains de leurs mandataires jusqu'au jour où le bonheur et la sécurité succéderaient pour toute la France aux jours d'attente et d'espoir, il la montrait aspirant avec ardeur à ce temps prochain où elle serait heureuse de confondre les droits antiques et révérés de la Bretagne dans les droits plus solides et plus sacrés que les lumières et le patriotisme de l'Assemblée assuraient, à cette heure même, à tout le pays de France.

Liés par les mandats impératifs que leur ont donnés leur Ordre, les députés du clergé de Bretagne expriment le regret de ne pouvoir, quant à présent, renoncer aux droits et franchises de leur province et déclarent qu'ils vont informer leurs commettants des sacrifices consentis par d'autres et solliciter de nouveaux pouvoirs.

Mais, entrant avec plus d'élan dans la voie tracée par leur président et collègue, les députés de Rennes en appellent à de récents souvenirs. N'est-ce donc pas leur ville qui a, la première entre toutes, adhéré aux arrêtés de l'Assemblée Nationale, qui, la première entre toutes, a voulu que l'impôt et la loi fussent déterminés par l'Assemblée Nationale; afin de ne compromettre aucun droit particulier, mais de les réunir et fortifier tous par l'assentiment général, au moment même où se formait l'acte destiné à défendre les droits de tous les citoyens? Et alors, disent-ils, combien n'est-il pas naturel d'attendre d'elle cet engagement et ce sacrifice ?

Enfin, un autre député des mêmes collèges, se bornant à stipuler pour la Bretagne la garantie mutuelle établie par les clauses du traité de sa réunion à la couronne, sous une monarchie dont toutes les parties allaient désormais s'appuyer, se soutenir, se défendre dans une fédération qui trouverait son centre et son point d'attache dans la personne du prince et son lien dans l'amour des peuples, déclare que, dans les circonstances présentes, il ne se trouve point lié par son cahier et adhère, sans plus tarder, au sacrifice des privilèges de sa province.

C'est à peine si l'impatience des députés de Provence et de Forcalquier laisse aux députés de Bretagne le temps d'achever leur déclaration.

Ni la tribune ni les marches du bureau n'étaient encore libres que déjà tous les membres des sénéchaussées de cette province s'avançaient en groupe au milieu de la salle des séances.

Lorsque nos commettants, disent-ils, nous ont

prescrit, à titre impératif, de ne pas renoncer aux privilèges dont la province est investie depuis sa réunion libre et volontaire à la couronne, ils n'ont pas prévu, ils ne pouvaient pas prévoir l'heureuse réunion des trois Ordres, avec ses immenses et bénissables conséquences. Mais, ce que nous savons, ce que nous pouvons prétendre, c'est qu'ils n'ont pas moins de zèle pour le bien public, moins de patriotisme que les autres français.

Aussi, allons-nous leur rendre compte de cette mémorable séance et les inviter à envoyer sur le champ leur adhésion, assurés que nous sommes qu'ils s'empresseront de réunir leurs intérêts à ceux du reste du royaume et de confondre leurs droits dans la constitution que cette auguste Assemblée va donner à la France.

Et l'un d'eux, reprenant la parole après ses collègues pour en confirmer les promesses, rappelle ce principe juste et salutaire que si, aux termes des cahiers, le vœu des commettants peut être nécessaire pour renoncer aux formes de l'administration, de la répartition et de l'assiette de l'impôt, nul mandat ne peut lier aucune partie de la France sur la part contributive que chaque province doit supporter dans l'impôt général, en proportion de ses forces et de ses ressources.

Et le défilé continue, s'accentue, s'accélère.

C'est ici un député des communes qui apporte la renonciation de la ville de Grasse aux privilèges pécuniaires dont elle jouit comme propriétaire de fiefs.

Après lui, c'est le député d'Arles qui annonce que devançant le mouvement patriotique de cette nuit heureuse ou le pressentant peut-être, il a depuis plusieurs jours, invité ses commettants à se réunir sous ce rapport aux députés des provinces.

Par ses représentants, la principauté d'Orange adhère. Elle ne réclame, au nom même de l'intérêt français, que la conservation d'une administration particulière, indispensable à une province isolée comme elle au milieu de terres réputées étrangères.

Au même instant, les députés de la Bourgogne,

empressés autour de la tribune, réclament la parole.

Le député noble de Dijon se réserve de prévenir ses commettants, mais dès l'heure, il se porte garant de la renonciation de son bailliage à tous privilèges.

D'autre part, ceux du Tiers-Etat pour la même ville, autorisés, disent-ils, à cette renonciation par leurs commettants pour le cas où un abandon semblable serait consenti par les autres provinces, déclarent ensemble en remettre les privilèges aux mains de l'Assemblée Nationale.

Ils sont aussitôt imités par les députés du bailliage d'Autun, par ceux de Châlon-sur-Saône, du Charolais, du Beaujolais, du bailliage de la Montagne, de l'Auxerrois, de Bar-sur-Seine.

Le Député de la noblesse de l'Auxois se déclare tenu d'en référer à des mandats plus explicites que ceux dont il est porteur.

Celui des communes, autorisé par les siens, acquiesce pleinement à l'abandon de tous privilèges. Et les communes du Mâconnais en renongant comme Dijon, se réservent, comme elles l'ont eu de tout temps le droit de former une province particulière administrée par ses États, mais en s'en remettant à l'Assemblée Nationale de lui donner une plus juste représentation et une organisation meilleure.

Ceux de la Bresse, du Bugey, de la principauté de Dombes, sous réserve d'une réclamation insérée à leurs cahiers pour l'échange de cette dernière principauté, acquiescent pleinement au vœu de la Bourgogne.

Remis déjà aux mains de l'Assemblée Nationale dans une séance précédente les privilèges de Saint-Jean-de-Losne sont de nouveaux sacrifiés par ses représentants à l'intérêt général du royaume.

Puis, les députés du Languedoc demandent à leur tour la parole et, en leur nom, le député noble, baron de Marguerites, en exposant la situation particulière de cette province, vient signaler à l'attention de l'Assemblée une preuve nouvelle des étranges disparates administratives qui divisent la patrie française.

Cette province du Languedoc, dit-il, est régie depuis longtemps par une administration inconstitutionnelle et non représentative. Elle a condamné cette administration comme contraire à ses anciens privilèges dont le plus précieux était d'octroyer librement l'impôt et de le répartir elle-même.

Etablissement de nouveaux Etats, administrations diocésaines et municipales en la forme élective et représentative, tel est le vœu général, la demande, la volonté de la province du Languedoc et, dans sa pensée, elle a lié l'octroi et la répartition de l'impôt à cette réforme.

En même temps, ajoute-t-il, bien que nos mandats ne nous aient pas autorisés à renoncer aux privilèges particuliers de la province, néanmoins assurés que nous sommes des sentiments de nos concitoyens, nous nous empressons de déclarer à l'Assemblée Nationale que dans tous les temps, nos commettants se feront gloire de se conformer à ses décrets et qu'ils s'estimeront heureux de s'associer par de pareils sacrifices au succès de la prospérité générale.

Appuyé par les évêques de Nîmes et de Montpellier qui parlent dans le même sens, l'évêque d'Uzès déclare qu'il lui serait doux d'être possesseur d'une terre, pour en faire le sacrifice en la remettant entre les mains de ses habitants. Mais, dit-il, formulant alors spontanément une opinion qui devait devenir plus tard celle des adversaires de la possession ecclésiastique, nos titres et nos droits, c'est des mains de la nation que nous les avons reçus et elle seule peut les détruire. Nous ne sommes pas ici d'ailleurs les représentants du clergé. Nous assistons aux Etats de notre province à des titres particuliers, et nous n'en avons d'autre que celui de dépositaires passagers. Nous ferons ce que l'Assemblée statuera sur ce point et nous nous livrerons à sa sagesse.

Puis le duc de Castries qui ne siége que comme représentant de la vicomté de Paris, déclarant s'unir aux vues de l'évêque de Nîmes, réclame l'honneur de sacrifier de nouveau avec lui, aux re-

présentants de la nation, la prérogative d e Baron
à laquelle ils ont déjà renoncé dans les assemblées
particulières du Languedoc. Cet hommage est re-
nouvelé par un député au nom du duc d'Orléans,
baron de Commines. Il est aussi formulé par le
comte d'Egmont, baron de Vaurins.

Chargés par leurs mandats d'attaquer les privilèges pécuniaires de Bordeaux les députés d'Agen
sont appuyés par le député de Bordeaux même qui,
en retenant seulement quelques droits de cité que
ses pouvoirs ne lui permettent pas d'abandonner,
déclare consentir la renonciation aux droits et
immunités pécuniaires de sa ville, bien qu'ils soient
consacrés par le temps comme par les titres les
plus incontestables.

Marseille, en exprimant la même réserve, fait
savoir que son clergé, pourvu déjà de pouvoirs sur
cet article, se soumet à l'égalité de la contribution.

Viennent à tour de rôle proclamer leur adhésion
aux décisions de l'Assemblée, sous la réserve de
l'assentiment de leurs commettants, mais en ex-

primant aussitôt l'espoir d'en recevoir incessamment les ratifications attendues, la députation d'amont de la Franche-Comté et celle de Dôle, la province de Foix, les communes de Béarn, la sénéchaussée de Lannes, le député du pays de Soule ; puis la noblesse et le Tiers-Etat de Sedan, en demandant pour leur ville la conservation des avantages et exemptions qui seuls permettent à son commerce et à son industrie de vivre aux pieds des Ardennes, dans un sol stérile ; puis Verdun, sous la réserve de la ratification de son clergé ; puis, la députation d'aval de la Franche-Comté, sous la réserve, pour les Etats de sa province de stipuler seuls l'exemption de la gabelle, des aides, du papier timbré et de toute distraction de ressort.

Adhèrent, sans aucune réserve et avec l'assentiment de leurs commettants demandé et obtenu à l'avance :

Les députés du Roussillon, du Bigorre, du duché d'Albret, clergé et communes, en déclarant qu'ils acceptent par avance tous les sacrifices que peut réclamer l'utilité générale du royaume ; puis les

députés de la prévôté et vicomté de Paris ; à côté
d'eux Tronchet, qui bientôt allait être un des
défenseurs de Louis XVI et parlait ici au nom des
députés de la commune de Paris ; tous ensemble
apportant et offrant à l'Assemblée la renonciation
la plus expresse aux immunités pécuniaires dont
jouissent les habitants de la capitale, même à la
compétence exclusive du prévôt de Paris et au
privilège du sceau du Châtelet, en cas de suppression des privilèges de même nature existants dans
le royaume ;

Puis, les députés de la Normandie, du Poitou,
de l'Auvergne, du Clermontois, de la vicomté de
Turenne, de la principauté de Mohon, de la noblesse
de Châlons-sur-Marne, de Dourdan ;

Puis, les représentants des villes d'Amiens,
Abbeville, Péronne, Soissons, Reims, Sarrelouis,
Bar-le-Duc, Réthel, Vitry, Château-Thierry, Saint
Dizier, Châlons, Langres, Clermont-en-Auvergne,
Villeneuve-de-Berg, et de la Voulte-en-Vivarais,
Bourges, Issoudun, Le Mans, Poitiers, Cahors,
Bergerac, Sarlat, Etampes.

Les députés de Lyon rappellent et renouvellent les déclarations analogues par eux faites déjà dans la séance tenue le 4 Mai à l'église Saint-Louis.

Le clergé de Tulle déclare consentir le sacrifice de ses privilèges pécuniaires, de son casuel, des droits de ses fiefs, banalités et tous autres.

Tous les députés de Lorraine protestent, en termes touchants, que leur province réunie la dernière à la France ne regrettera jamais la domination de ces souverains adorés qui firent, pendant des siècles, le bonheur de leur peuple et s'en montrèrent les pères, s'ils sont assez heureux pour pouvoir, au sein de la régénération et de la prospérité publiques, se livrer à leurs frères et entrer, avec les autres citoyens, dans cette maison maternelle de la France prête à refleurir sous l'influence de la justice, de la paix et de l'affection cordiale de tous les membres de cette glorieuse famille.

Ils attendent avec confiance la ratification par leurs commettants d'un hommage dont le souhait est dans tous les cœurs, comme la réalisation en est commandée par l'exemple universel.

En appelant l'attention de l'Assemblée sur la situation frontière de leur ville, si précieuse et si importante pour le reste du royaume, et sur la nécessité par suite d'en maintenir l'administration et les privilèges suivant les dispositions prévoyantes consignées dans les capitulations, les députés de Strasbourg déclarent, au nom de leurs commettants, acquiescer de plein cœur à l'égalité entière de la répartition des impôts.

Le député du Cambrésis fait connaître que les trois Ordres de sa province, soumis dans tous les temps au point de vue de l'i...pôt, à un régime de participation entièrement égale, ne peuvent que s'unir de nouveau et applaudir aux vues de justice de l'Assemblée.

A leur tour, viennent déclarer l'abandon de leur régime d'Etats ou autres privilèges :

Tous les députés de l'Artois, de Latour-Maubourg, Destournel, de Lameth en tête, faisant connaître qu'ils renoncent personnellement à cette forme d'Etats qui a rendu l'administration du pays en quelque sorte héréditaire et propre à un petit nombre de familles nobles du pays. L'un d'eux se félicite d'avoir pu prévenir l'instant actuel en renonçant, dans le sein même des Etats de sa province, à cette antique prérogative attachée à ses domaines.

Puis, les députés du Boulonnais imités aussitôt par ceux de Calais et d'Ardres ;

Puis les gouvernances de Lille, Douai et Orchies; les députés de la Flandre Maritime.

Un député de la Franche-Comté, obéissant à l'entraînement de cet esprit de sacrifice patriotique et dominé par le sentiment de la nécessité d'unifier la patrie française, va jusqu'à formuler non pas seulement le consentement mais le vœu même de la suppression du parlement particulier de sa province.

Un certain nombre d'officiers de justice, membres de l'Assemblée, qui depuis assez longtemps déjà, essayaient de percer la foule des députés autour de la tribune pour y apporter leurs diverses

renonciations, réussissent enfin à s'approcher du
bureau. Là, ils élèvent la voix et on les entend
déclarer, au nom de tous, qu'ils abandonnent expressément les privilèges de leurs charges, ne
voulant aspirer qu'à la considération justement
acquise pour un service utile à la nation et appré-
cié par elle.

Emu sans doute par cette déclaration toute spontanée et couverte d'un applaudissement universel,
de Fréteau, l'un des secrétaires, conseiller au
parlement de Paris, se lève aux bancs du Bureau
et saisit ce moment pour offrir aux représentants
de la nation l'hommage respectueux des cours
souveraines.

En quelques mots d'une grave et imposante
éloquence, il expose qu'après le sacrifice si noble-
ment consenti par le monarque de sa prérogative
en matière de législation, il ne restait véritablement rien aux officiers de sa cour dont l'abandon
à l'Assemblée fût digne d'elle et de ses glorieux
exemples ; qu'à peine osait-il lui présenter et la
prier d'accepter, comme il le faisait pour lui et ses

collègues, le sacrifice de quelques vaines préro-
gatives de charge, telles que le committimus,
l'hérédité des offices, la noblesse transmissible et
quelques exemptions pécuniaires ; mais, ce qui
était en leur pouvoir, ce qu'ils regardaient comme
un devoir sacré dont ils donneraient l'exemple à
tous, ils le promettaient par son organe, savoir un
dévouement sans bornes a l'exécution des lois nationales, une étude de tous les jours et une appli-
cation infatigable pour en étendre et en assurer
l'empire, et surtout pour fonder et affermir, dans
le cœur des justiciables qui leur seraient assignés,
le respect profond pour les droits de l'homme qui
a dicté en ce moment au prince, aux ecclésiastiques, aux nobles, aux illustres corporations des
grandes cités, aux provinces entières tous les sacrifices qu'exigent la liberté, la sûreté, l'honneur
et la propriété de tous les habitants du royaume.

Alors, paraît à la tribune le duc de Liancourt
l'un des membres les plus respectés de l'aristo-
cratie et de la Cour.

Il n'y vient pas pour s'unir aux motions de la

séance. Non ! son désistéressement est connu, sa place màrquée aux premiers rangs du parti libéral; ses votes, on le savait, acquis aux réformes populaires. Mais répondant à un sentiment universel, à la pensée pleine de fierté confiante que les actes impérissables de cette journée se réclamaient avec éclat du souvenir de l'histoire, il propose à l'Assemblée de décider par décret qu'il sera frappé une médaille pour éterniser la mémoire de l'union sincère des Ordres, de l'abandon général des privilèges, et de l'ardent dévouement qu'ont ressenti tous les cœurs français pour la prospérité et la paix publiques.

L'Assemblée s'associe aussitôt à ce vœu patriotique et le charge du soin d'en assurer l'exécution.

Après lui, un député de la noblesse de Sens demande qu'une députation de membres de l'Assemblée soit adressée au Roi pour lui porter l'hommage des sacrifices dont ses vertus ont inspiré l'idée et fourni l'occasion à la nation.

A son tour, l'archevêque de Paris se lève à son

banc. Au nom du clergé, au nom de la religion qui doit être appelée à tous les actes de la vie publique, il demande que l'Assemblée ordonne qu'un TE DEUM sera chanté dans la chapelle du Roi, en présence de Sa Majesté, qui sera instamment priée d'y consentir et d'y assister, et de tous les membres de l'Assemblée Nationale.

Enfin, un dernier orateur, qui a réussi à gravir quelques uns des degrés qui mènent au bureau, adresse encore un appel à l'Assemblée.

Messieurs, dit-il avec chaleur, il faut terminer cette séance comme vous l'avez commencée et comme vous l'avez remplie. Il faut y mettre un dernier sceau digne d'elle et de vous. Je ne sais si mon cœur m'entraine trop loin. S'il se trompait, j'en accuserais cette ivresse dont votre patriotisme le remplit. Mais non, je ne crois pas qu'il s'égare.

Messieurs, au milieu de ces élans, au milieu de ces transports qui confondent tous nos sentiments, tous nos vœux, toutes nos âmes, ne devons-nous pas nous souvenir du Roi, du Roi qui

nous à convoqués alors que la réunion des assemblées nationales avait souffert une interruption de
près de deux siècles, du Roi qui nous a invités le
premier à cette réunion fortunée des Ordres que
nous venons de consommer ; du Roi qui nous a
abandonné, de lui-même, tous les droits que sa
justice a reconnu pouvoir ne pas conserver. Ah !
dans ce beau jour, que chacun recueille sa récompense ! Que chacun ait son bonheur !

C'est au milieu des Etats-Généraux que Louis
XII, un ancêtre, a été proclamé le « Père du Peuple ». Je propose qu'au milieu de cette Assemblée
Nationale, la plus auguste, la plus dévouée, la
plus utile qui fut jamais, Louis XVI soit aujour-
d'hui proclamé le *Restaurateur de la liberté
française.*

A l'instant, l'appel est entendu, la motion adoptée, la proclamation faite par l'Assemblée, par le
peuple et deux mille voix unanimes font retentir
la salle et les galeries des cris prolongés de vive
le Roi ! Vive Louis XVI, Restaurateur de la liberté
française !

*
*   *

L'œuvre était visiblement achevée.

La plupart des représentants avaient quitté leurs places. L'Assemblée tout entière était debout, mêlée, confuse. Il n'y avait plus de délibération possible.

Dans les tribunes latérales, la foule énorme qui s'y était entassée dès le début de la soirée et où personne, malgré les heures écoulées, n'avait quitté la place, était pareillement debout, agitée, émue, mêlant tumultueusement et à tout moment aux voix de l'Assemblée ses cris de joie, ses bénédictions, ses acclamations qui reprenaient sans cesse.

Le président, Le Chapelier, sentit la nécessité de mettre fin à des manifestations nouvelles, superflues désormais et, malgré le flot de députés encore accumulés au bas de la tribune pour apporter encore à leur tour les déclarations de leurs provinces, il proposa à l'Assemblée de suspendre le cours de ces témoignages patriotiques et de consacrer par des votes précis, pour qu'ils prissent un effet utile, sauf la rédaction qu'on arrêterait ultérieurement d'une manière définitive, les différents objets successivement adoptés au cours de la séance.

Et c'est ainsi qu'en quelques minutes rapides, à l'unanimité, sans qu'un dissentiment se fît entendre, à mains levées de toutes parts, au milieu d'un enthousiasme, d'une exaltation qui ne se lassaient pas mais semblaient croître encore, furent votées successivement, au milieu d'applaudissements renouvelés pour chacune et à chaque appel, les mesures suivantes qui allaient changer de fond en comble la face de la société française et projeter même sur l'Europe et jusqu'au bout du monde, parfois au milieu des éclairs et des tonnerres, les contre-coups irrésistibles de leur influence, de leurs affranchissements, de leurs bienfaits :

Abolition de la qualité de serf et de la mainmorte sous quelque dénomination qu'elle existe.

Faculté de remboursement des droits seigneuriaux.

Abolition des juridictions seigneuriales.

Suppression des droits exclusifs de chasse, colombiers et garennes.

Taxe en argent représentative de la dime, faculté de rachat de toutes les dimes, de quelque espéce que ce soit.

Abolition de tous privilèges et immunités pécuniaires.

Egalité de tous les impôts à compter du commencement de l'année 1789, suivant ce qui sera réglé par les Assemblées provinciales.

Admission de tous les citoyens sans distinction aux emplois civils et militaires.

Déclaration de l'établissement prochain d'une justice gratuite. — Egalité des peines. — Suppression de la vénalité des offices.

Destruction de tous les privilèges des villes et provinces.

Suppression des droits de déport et vacat ; des annates ; de la pluralité des bénéfices.

Suppression des pensions obtenues sans titres.

Réformation des corporations, maitrises, jurandes.

Une médaille sera frappée pour éterniser la mémoire de ce jour.

Il sera chanté un TE DEUM. Une députation ira demander au Roi d'y assister personnellement et lui faire hommage du titre de Restaurateur de la liberté française.

Cette lecture terminée, ces votes réclamés, enlevés comme à un pas de bataille, la séance était levée.

Mais dans l'assemblée, dans les galeries du peuple, partout on s'abordait, s'appelait, se félicitait mutuellement en se serrant les mains avec effusion, à la pensée des blessures guéries, des plaies fermées, des droits consacrés, des réparations obtenues sur les griefs séculaires. C'est à ce bruit confus que commençaient à se vider de leurs foules et les galeries et la salle immense.

A ce moment, deux heures du matin précédées de leurs quarts sonnèrent lentement, derrière la grande salle, à la tour de Saint-Louis.

Retentissant et se prolongeant au loin dans l'espace où l'oreille renonçait à les suivre, on eût dit qu'elles voulaient porter leur bonne nouvelle jusqu'au bout de la France.

Un court silence se fit qui semblait solennel.

Les respirations s'arrêtaient dans les poitrines. Sans le savoir, sans le sentir bien des yeux étaient mouillés de larmes. Des hommes restaient debout immobiles écoutant, les bras tendus, les mains levées vers le ciel. Saisies d'une émotion suprême, plusieurs femmes se signèrent en fléchissant les genoux, comme à la fin d'une cérémonie religieuse.

Quelques secondes après, en avant vers le nord, Notre-Dame répéta l'heure au fond de la ville nouvelle et enfin, par delà sa vaste place d'armes solitaire, ses grilles closes, ses énormes cours échelonnées où le regard ne pénétrait plus, le château, perdu sur sa hauteur et dans son ombre, la redit à son tour à quelques minutes d'intervalle, comme s'il n'eût consenti qu'à regret à marquer, de sa note lointaine, ce tragique moment du temps où tintait ainsi le glas de son repos, de sa domination, de ses splendeurs, pendant que près de lui, sans lui, contre lui, le droit et le pouvoir passaient ensemble aux mains des hommes d'un autre âge.

Le jeune homme endormi, qui venait d'assister à cette série de scènes émouvantes, véritable drame de l'histoire que son cœur fêtait à coups pressés dans sa poitrine, ne pouvait se résoudre à en quitter le théâtre. Il lui sembla que maintenu à hauteur par une force inconnue, il assistait à l'écoulement de la foule, la suivant dans son exode au milieu des vastes dégagements de l'édifice, mais en la dominant toujours tout entière.

Vivement il se retourna vers la salle encore éclairée.

Tout ainsi qu'au début elle lui était apparue comme inoccupée et remplie seulement d'une sorte de brouillard où des ombres, d'abord confuses, avaient graduellement pris corps pour devenir des créatures nettes et vivantes, tout ainsi mais par un phénomène inverse, derrière lui, le nuage diaphane reprenait silencieusement possession de son domaine. Les êtres qui l'avaient peuplé redevenaient par degré des fantômes, éteignaient leurs regards, perdaient leurs contours, leurs formes, s'effaçaient, s'évanouissaient en vapeurs légères, pour enfin se confondre dans une atmosphère flottante et vaine.

Aux premiers plans toutefois, ses yeux crurent apercevoir encore divers groupes qui s'avançaient vers lui.

Du côté gauche des galeries, c'était une troupe de jeunes courtisans, couverts de brillants costumes, l'œil hardi, le geste insolent, la parole haute et provocante, autour d'un homme âgé dans lequel il reconnut sans peine l'un des correspondants attitrés des cours étrangères.

C'est une scène d'ivresse, disaient-ils au milieu de bruyants éclats de rire. — Voilà les droits de six siècles mis à bas en six heures — Quel emportement de générosité ! — Tempête de désintéressement ! — Bacchanales d'insensés ! — Frénésie d'enthousiasme ! --- Ce sont des enragés d'héroïsme !

7.

— C'est la Saint-Barthélemy des propriétés ! —
Le feu de paille du patriotisme !

Plus près, venait un jeune homme mince, aisé,
de taille et de tournure élégantes, portant pour
cocarde au chapeau quelques brins de vert feuil-
lage, et marchant à côté d'une toute jeune fille
frêle et jolie, qu'il appelait Lucile et qui se pres-
sait contre lui en le regardant sans cesse avec
admiration et tendresse.

Nuit superbe ! disait-il en se découvrant avec
respect devant l'objet de sa pensée. Elle allait formuler les droits de l'homme. Combien n'a-t-elle
pas fait mieux ! Tous les français viennent d'y être
réintégrés par elle.

A droite, deux femmes étaient debout, entourées
d'un groupe nombreux de peuple qui paraissait
leur prêter une attention respectueuse et sympathique.

L'une grande, toute jeune, les traits fortement
accusés, presque virils, point belle, mais le front
haut, dominateur, des cheveux noirs magnifiques,
des yeux pleins de flamme, appartenait visible-

ment au monde de la Cour. Le regard hautain, la voix forte et pleine, l'accent enthousiaste et comme inspiré, elle semblait un poète ou une pythonisse écoutant le Dieu ou la Muse.

Les hommes, disait-elle, ne savent guère que l'histoire de leur temps et, à lire les déclamations de nos jours, on dirait que les huit siècles de la monarchie n'ont été que des temps tranquilles et que la nation était alors sur des roses. Et elle ajoutait: mais que l'œuvre des réparations est rapide ! Est-ce mille ans qui se sont écoulés depuis trois mois, un mois, quinze jours ?

Et, se tournant à demi vers sa compagne : ceci, reprenait- elle , ceci va s'appeler la Révolution Française. Ah! puissé-je l'écrire! Mais quand l'histoire a cet éclat, quel regret que de ne pouvoir être appelée qu'à l'écrire !

L'autre d'une taille moins élevée mais infiniment plus gracieuse et belle, d'un aspect plus doux, d'une physionomie charmante, plus simplement vêtue, était manifestement une plébéienne.

Elle leva doucement sur la première des regards

aussi éloquents mais où le feu de l'enthousiasme paraissait plus contenu et comme empreint d'une résignation touchante.

Serrant avec une sorte de ferveur ses deux mains sur sa poitrine qui se soulevait sous l'empire d'une émotion profonde, non! dit-elle, les femmes ne serviront pas ici la Liberté et la Patrie, mais qui sait s'il ne sera pas donné à plus d'une de mourir pour elles ?

Ces mots étaient à peine prononcés que le jeune homme sentit un frisson douloureux courir tout son être.

Au-dessous de la tête charmante, sur le cou délicat, d'une blancheur éclatante, il avait vu se dessiner d'un trait rapide aussitôt évanoui, comme un éclair, le cercle rouge de la guillotine.

Ah! toi aussi, s'écria-t-il sans le vouloir, je te sais, je me souviens, c'est toi qu'on aime! Tu parles de mourir, pauvre âme! Hélas! c'est par elles que tu mourras, mais puisses-tu croire jusqu'au bout que tu meurs du moins pour elles!

Et soudain, un flot de pleurs jaillit de ses yeux

fermés et la chère apparition disparut dans le flot de ses larmes.

Plus près encore de lui, autour de lui, pendant que la foule des tribunes gagnait de son côté ses sorties, les membres de l'Assemblée traversaient tour à tour, isolés ou par groupes, plus souvent deux par deux, leur vaste vestibule, les dignitaires de l'Eglise froids et fiers, faisant appeler leurs valets et leurs chaises, la Noblesse parfois un peu songeuse, en général confiante et ardente, le bas clergé et le Tiers-Etat surtout mêlés, pressés, exaltés, transfigurés par un sentiment de satisfaction profonde.

Tout était bruit, mouvement, attitudes expressives, expansion éloquente. On sortait la main dans la main, les yeux dans les yeux, la flamme au regard, tantôt la tête haute au souvenir des devoirs accomplis, tantôt le front penché et le sourire aux lèvres devant l'image des rêveries heureuses.

C'étaient partout les mêmes paroles, les mêmes exclamations attestant l'identité des préoccupations, des aspirations, des joies, des espérances, l'union absolue des âmes. Nulle part l'ombre d'une pensée intéressée ou personnelle. Partout le détachement sans effort, l'inspiration pure et spontanée du patriotisme.

« Nous ne sommes pas, disait l'un, les députés de nos provinces mais les représentants de la France entière. »

« Ah! comme le poète du Jeu de Paume a dit vrai, s'écriait un autre. Oui !

> Qu'au lit de mort tout français pleure
> S'il n'a pas vu ces murs où renaît son pays !

« Avoir présidé cette séance suffit à jamais a l'honneur de ma vie. »

« Rêves, dit-on, rêves de félicité publique ! Qu'importe? non ! celui-là qui n'aura pas vécu dans cette année n'aura pas connu le bonheur de vivre. »

« Périsse ma vie, mais que mon pays soit libre! »

« Aimé des Dieux, privilégié du sort l'homme qui aura contribué au bonheur et à l'affranchissement de ses semblables ! »

«La Liberté, c'est le droit — l'Egalité, l'honneur — la Fraternité le dévouement par delà la justice.»

« Les Droits de l'homme feront le tour du monde. »

« Nous allons briser les chaînes de cent millions d'hommes »

C'est une lumière qui se lève ! »

« Nul soleil n'a rien vu d'égal ! »

Mais, parmi ces paroles, les mots qui éclataient et revenaient de toutes parts et sans cesse, c'étaient ceux de bonheur public, de félicité publique, et plus encore, celui de régénération de la France.

Chaque époque à son tour, n'a-t-elle pas ainsi sa parole magique qui résume pour elle l'ensemble de ses vœux, de ses rêves de liberté, de grandeur, de bonheur ? Celle-là n'appartenait pas seulement à l'Assemblée. Il n'était pas de province, pas de village peut-être où, bien plus d'une fois dans chaque journée, on n'eût pu l'entendre. Elle comprenait tout, disait tout. Elle était à la fois et pour tous les esprits, but et acte de foi, programme, mot d'ordre et cri de guerre de tout un peuple, serment, espoir, promesse, vœu prononcé et qu'on jurait de tenir.

Et toutes ces paroles de même sens et de même souffle, qui se répétaient et se répondaient comme des échos sans fin, ces fragments semblables de conversations qu'on saisissait au passage et qui éclairaient, comme d'un jet de lumière rapide, tout ce qui venait de les précéder ou allait les suivre, toutes ces paroles formaient au-dessus de ces visages animés, de ces têtes mouvantes, une sorte d'atmosphère de murmures, un courant sonore qui les accompagnait tour à tour jusqu'à la rue où tout s'engouffrait pour disparaître dans le silence et les ténèbres.

Mais non, là tout n'était pas fini.

Cette foule qui depuis huit heures avait maintenu combles les galeries et les tribunes de l'Assemblée, hommes, femmes, enfants même, s'était massée aux sorties. Elle n'avait pas voulu quitter ses représentants, dont elle venait de suivre et applaudir l'œuvre, les émotions, les sacrifices sans les applaudir encore. D'autres qui, de la soirée, n'avaient pu pénétrer étaient demeurés sur place, hors d'état d'entendre, mais s'enquérant, minute par minute, des paroles, des propositions, des noms, des votes, aspirant tous les bruits, les interprétant, les commentant, les transmettant autour d'eux à mesure.

D'autre part et malgré l'heure, les nouvelles de cette séance extraordinaire s'étaient répandues, colportées dans tout Versailles, et une autre foule réveillée de proche en proche arrivait par groupes, des divers quartiers de la vieille ville, pour entourer la première, l'interroger, l'écouter, s'y joindre. Aux maisons, où les lumières s'étaient éteintes pour le sommeil, les fenêtres réapparaissaient éclairées et, quand les députés se trouvèrent réunis aux abords de leur salle des séances, une nouvelle acclamation s'élança de toutes parts et les salua d'un dernier hommage, jusqu'à ce qu'ils se fussent séparés.

Quelques minutes après, sur ces lieux si bruyants, si animés tout à l'heure, la solitude, l'obscurité, le silence avaient repris leur empire.

La grande nuit venait de prendre fin, entraînant avec elle du côté de l'ombre toute une société mourante avec ses vieux abus, ses iniquités, son mépris des hommes, tandis qu'en regard, vers l'orient, à l'opposite de ses nuées, le soleil, qui déjà se hâtait vers l'horizon encore pâle, allait se lever sur une société nouvelle : Aurore éclairant une aurore.

*
*   *

Ah ! murmurait le jeune homme endormi, comme ces temps ont été grands et beaux ! De pareilles heures devraient-elles disparaître ? Pourquoi faut-il qu'elles tombent à jamais dans le gouffre qui ne les rend plus ?

Du moins, pendant des années, au sein des populations reconnaissantes, cette nuit du 4 août 1789 s'appela-t-elle « la Sainte Nuit » et, pendant des années, à sa date renaissante, sa fête anniversaire, comme autrefois celle des rois, fut-elle célébrée au foyer des familles, jusque sous le chaume et surtout sous le chaume.

Encore aujourd'hui, malgré la neige des jours apportant quelques joies nouvelles et des épreuves plus nombreuses, dans combien de mémoires n'est-elle pas restée la nuit secourable, la nuit grande, ou ainsi qu'on disait : la Nuit Sainte !

Oui ! tout passe, tout meurt, mais comme les pauvres créatures elles-mêmes qui les comptent et les vivent, c'est par le souvenir de leurs bien-faits que les heures sont immortelles.

Mais quels hommes que ceux-ci ! Quels élans ! Quelle force, quand devant eux tout était difficulté, inimitiés, possession, préjugé, pouvoir, résistances! Quels pas de géants tous les jours et dans l'in-connu! Quelles divinations quand rien n'était sûr ! Quelle audace de tout oser quand tout semblait im-possible, de tout entreprendre quand rien n'était fait, d'avoir tout fait quand tout était à faire ! Oui ! hommes extraordinaires en vérité qui, tout près de nous, de plain pied avec nous, à la portée de nos mains, de nos yeux, nous apparaissent comme des hommes antiques !

La grandeur des tâches ferait-elle celle des âmes ?

Puissent alors se redoubler nos obstacles et puissent-ils aussi nous donner ces sentiments simples, salut des peuples, honneur des hommes, par lesquels ceux-ci ont surmonté les leurs : le désintéressement, la passion de la dignité humaine et du droit, le mépris de la mort, l'esprit de sacrifice, l'amour de la liberté et de la patrie !

Ainsi disait le jeune spectateur du rêve, et tant d'émotions rapides, dont la trace se lisait sur son visage plus pâle, provoquaient à demi son réveil.

LA NUIT DU 4 AOUT

1889

Pas encore! redit la voix près de lui, de son léger souffle.

Oh ! non, pas encore, répondit-il, pendant qu'un autre sourire attristé paraissait sur ses lèvres tremblantes et de nouveau, sans que ses yeux se fussent rouverts, il serra sa main sur la main qui semblait reposer dans la sienne.

Viens! dit la voix.

Et alors, il se sentit rapidement emporté dans la nuit, à travers l'espace où il laissait en arrière, dans l'éther agité, comme un sillage à peine sensible.

En quelques secondes, il arrivait près d'un fleuve aux flots noirs, sur un large quai où le gaz perdu dans le vide ne projetait qu'une insuffisante lumière, au pied et dans l'ombre d'un édifice imposant mais dont les grilles immobiles, les degrés déserts, les portes closes respiraient la sollitude et l'abandon.

Au devant, reprenait ou cessait par intervalle un mouvement de voitures indifférentes, de passants affairés ou inattentifs.

A droite, une cour de peu d'étendue, gardée par quelques soldats : c'était l'entrée. Il entra et se trouva dans l'enceinte d'un palais parlementaire, celui d'une Chambre contemporaine.

Au fond, dans un assez étroit réduit sans caractère, une trentaine d'hommes attendaient debout, serrés, impatients, tous, malgré l'heure insolite, venus visiblement en solliciteurs.

Là, on faisait mander un à un les représentants de la nation, chacun des visiteurs s'adressant par cartes à ceux de son collège et un à un, les représentants de la nation venaient écouter des demandes, promettre un appui, recueillir un grief, fournir un renseignement, rendre compte d'une démarche ou tout simplement, sur la confidence d'une curiosité sans déguisement, procurer une place de tribune pour le spectacle parlementaire de la journée.

Plus loin, des clairons sonnaient, des tambours battaient aux champs en l'honneur du président momentané de la Chambre et, dans un vestibule vivement éclairé mais à peu près désert, devant un poste visiblement incomplet, distrait, réfractaire même, à ce qu'il semblait, à l'idée d'un respect civil, un homme chargé d'un portefeuille passait avec trop de hâte pour être digne, les yeux pleins d'un orgueil furtif qui jurait avec l'involontaire humilité de l'apparence, précédé et suivi de quelques huissiers dont l'attitude attestait un renoncement sans conteste à la tâche de répandre autour d'eux les solennelles impressions de leur cérémonial quotidien, faute de pouvoir les ressentir encore.

Plus loin enfin, s'ouvrait la salle des séances illuminée d'un éclairage à la fois discret et splendide. Embrassée du haut des tribunes, elle apparaissait à la fois comme décevante et magnifique, choquante et superbe.

Ah! certes, avec elle, rien ne sentait l'improvisation ou le provisoire. La perfection des aménagements témoignait du long usage d'un même régime. On reconnaissait que tout était né de l'expérience et avait, depuis des années, subi l'épreuve du temps : gradins échelonnés et rangs circulaires, couloirs multiples et commodes, tapis assourdissant le bruit des pas, réalisation merveilleuse des conditions acoustiques, moyens de vote, tribune accessible, sièges élevés du président, des secrétaires, relais d'hommes habiles à recueillir instantanément les paroles, séparation et silence règlementaire du public des tribunes, tout était précis, prévu, achevé. Tout était convenance et ordre.

En même temps, rien qui n'éblouît les yeux. Sur les têtes, plafond haut comme celui d'une cathédrale. Sur le pourtour, colonnes élégantes à chapiteaux de bronze. Partout l'or et le marbre, l'industrie et l'art, l'élégance et la richesse.

Mais ; à côté de cette installation brillante,

quelles disparates ! Ce qui touchait à l'arrange-
ment matériel revêtait un caractère presque ma-
jestueux, tout ce qui était personnel une apparence presque mesquine. Le théâtre était beau et
grand, les acteurs presque indignes du théâtre.

Partout sur les bancs, s'étageaient des hommes
qui paraissaient petits, agités, inquiets.

Leurs ancêtres du Tiers-Etat, avec leur costume
étoffé et uniforme dont on ne pouvait s'empêcher
d'évoquer le souvenir, étaient grands, unis, sérieux, même sévères.

Ici, rien de semblable. Sous leurs vêtements
étriqués et différenciés par les caprices personnels, on ne trouvait que des individus sans liens,
sans rapports, qu'on eût pu supposer d'origine et
de races diverses. Point de tenue. On se visitait
par les couloirs. On parlait à voix haute. On riait
aux éclats. On échangeait des plaisanteries manifestement frivoles, pendant que les secrétaires
laissaient à leurs fauteuils le soin de marquer
leurs places et que le président achevait paisiblement la lecture d'un journal, en pesant de temps

en temps d'un air ennuyé sur le levier de sa son-
nette.

Dans les tribunes bondées, immobilité complète et silence absolu qui formaient un contraste
étrange avec cette foule remuante et bruyante.
Envisagées de loin dans leur pénombre, elles faisaient songer à des rangées de fantômes muets et
raides, au-dessus d'un tumulte exagéré de la
vie.

*
* *

Cependant, on voyait s'approcher neuf heures:
la séance s'ouvrait.

Les préliminaires achevés, un orateur parut à
la tribune.

C'était un homme d'une assez grande taille,
cheveux grisonnants, tenue correcte, visage soigneusement rasé, physionomie digne et placide
mais derrière laquelle perçait comme un esprit de
ruse, d'insensibilité résolue, sans effort, sans

trouble, d'amour du gain personnel devant marcher à son but avec l'implacable âpreté d'une nature bien équilibrée, insaisissable aux niaises sensibleries de la commisération ou de la justice. Sa voix habilement maniée paraissait par moment presque onctueuse et, d'autres fois, donnait l'illusion d'une généreuse chaleur inspirée par le sentiment d'une noble cause.

Dans un tableau plein de chiffres et de faits, il exposa les souffrances de l'agriculture aux abois, menacée de mort, pliant devant les bas prix, à la veille de laisser les ouvriers agricoles sans salaires, l'impôt sans produit, la France sans bétail, sans récoltes et, pour son alimentation même, à la merci de l'étranger libre à son gré, à son heure, suivant son intérêt ou son caprice, de la livrer à la famine.

Il montra l'impossibilité de soutenir la concurrence étrangère et partant, la nécessité de la contrebalancer par des droits justement protecteurs, sous peine de voir disparaître de la face du pays sa principale industrie, l'industrie par excellence.

Puis, il trouva quelques paroles touchantes, tout empreintes de patriotisme pour rappeler cette race saine et robuste, sobre, laborieuse, économe, au suprême degré intéressante, la race des paysans, ressource et force de la population, pépinière des villes, des ateliers, de l'armée et qui à tous ces titres, méritait bien d'être sauvée. Il conclut en demandant, en faveur de l'agriculture, des droits de douane importants sur le bétail étranger et sur les céréales, toutes les céréales.

La motion trouvait manifestement faveur sur la presque totalité des bancs de l'Assemblée. Plusieurs députés prirent successivement la parole pour la soutenir, la développer, en étendre les résultats, en corroborer la défense.

De divers côtés même d'autres motions surgirent, impatientes de la modération des droits proposés. Oui! on voulait le principe d'abord, oui, d'abord cette nouveauté des droits sur les céréales et le bétail, inconnue depuis si longtemps en France, la résurrection des avantages qu'avaient assurés jadis des monarchies bien conseillées aux classes privilégiées, appuis de leur pouvoir. Mais de plus on en voulait « de plano », sans retard, sans graduations timides, qui fussent doubles, triples, quintuples.

En vérité, était-ce le cas de marchander ou d'atermoyer quand il s'agissait des souffrances de l'agriculture, c'est-à-dire, avec la propriété, des trois quarts au moins de la population électorale, contribuable et laborieuse ?

Mais un dernier orateur du même bord gravissait les degrés de la tribune et un silence se faisait à sa vue.

Celui-là de moyenne taille, presque obèse et cependant d'allure vive et agile, visage rebondi et fortement coloré, en même temps physionomie fine, singulièrement animée par des yeux sceptiques et moqueurs, de faconde habile et parfois brillante, semblait comme mi-parti de gentleman farmer et d'avocat.

Passant légèrement sur les épreuves du monde agricole comme sur un thème désormais épuisé, une vérité désormais acquise, et qu'il relevait

pourtant au passage de quelques touches puissantes, ce qu'il se proposa ce fut surtout d'en exposer
les charges.

A le suivre, on voyait l'agriculture et la propriété terrienne supportant seules tous les far-
deaux, acquittant presque tout l'impôt, pliant sous
le faix, appelant de toutes parts à l'aide, en même
temps qu'elles criaient justice. Et alors, disait-il,
oui, vous allez de toute certitude, sous le sentiment
de vos devoirs et de vos dangers, voter sur les céréales et le bétail les droits compensateurs qu'exige le salut de l'industrie agricole qui se confond
avec le salut du pays. Mais de ce chef qu'arrivera-
t-il? Que vous encaisserez, sur les entrées à vos
frontières, des sommes annuellement considérables.

Eh ! quoi, ces contributions payées par l'étranger sur les produits qu'ils continuera d'introduire
en France pour perpétuer sa dommageable concurrence aux nôtres, comptez-vous donc les laisser
au trésor public, à l'Etat ? Est-ce que ces droits
sont une mesure fiscale ? Est-ce qu'ils ont pour

but dans votre pensée de vous assurer des ressources ? Non, non ! Leur but exclusif n'est-il pas
vrai, c'est la protection, c'est le relèvement de
l'agriculture et de la propriété, sa compagne. Leur
perception ne fait qu'attester votre bon vouloir,
mais l'insuffisance de votre défense.

Eh bien, allez jusqu'au bout de votre devoir patriotique et de vos intentions mêmes ! Rendez-les
à leur véritable destination et ces quarante, cinquante, soixante millions peut-être, qu'ils vont
verser tous les ans à vos douanes impuissantes,
faites-les servir aux dégrèvements de l'agriculture
et de la propriété foncière, comme dédommage-
ment de préjudices dont ils sont précisément le
témoignage et la mesure ! La vérité, le bon droit,
sont là !

Et, comme il saisissait d'un coup d'œil expéri-
menté, sur les bancs de ses amis, au milieu de regards de convoitise et de murmures étouffés d'approbation, quelques indices d'hésitations timides,
il ajoutait aussitôt pour conclure : Que si pourtant
les besoins du Trésor, si la marine et l'armée, les

intérêts sacrés de la défense nationale, si le souci
que nous vouons tous, et par dessus tout peut-être,
à l'assistance des classes dénuées de notre population élèvent pour nous d'autres devoirs patriotiques, en regard de ces devoirs, sachons du
moins faire la part des uns et des autres et réser-
vons sur ces ressources, en faveur des victimes
exceptionnelles des circonstances présentes, un
prélèvement proportionnel à leurs droits et à leurs
misères, soit pour alléger directement les charges
qui les écrasent, soit pour les aider d'une manière
indirecte mais appréciable en créant à leur portée
ces voies de communication : routes, canaux, chemins de fer, qui les soutiennent, tout en profitant
plus largement encore à la production et à la richesse générale.

Et ainsi vous aurez accompli votre tâche d'hommes publics et de législateurs. Ainsi, vous aurez répondu, dans la mesure de votre pouvoir, à
l'attente du pays.

Après les raisons qui entendaient relever de l'intérêt général, ces derniers mots étaient habiles.

D'une façon discrète, mais suffisamment menaçante, ils n'évoquaient rien moins, sous tous les yeux, que la pensée de la majorité du corps électoral, avec le déchaînement momentané mais ardent de ses passions protectionnistes.

La plaidoirie appelait une réplique.

Celui qui l'apportait offrait une apparence étrange. Jeune, mince, élégant et en même temps négligé, les cheveux et la barbe en broussailles, il élevait au-desus de la tribune, d'un air légèrement dédaigneux et hostile, une tête expressive, à la fois pensive et farouche, vulgaire et poétique.

D'une voix âpre et changeante qui sans une allusion, sans un souvenir, et rien que par le contraste, semblait jeter au ridicule irrémissible les tons solennels comme les modulations étudiées de l'école ou de la barre, il commença par anéantir sous quelques coups nets et brusques, la thèse prétendue des charges excessives de l'agriculture et de la propriété foncière.

L'agriculture surchargée ! disait-il, savez-vous ce que c'est que cette allégation courante ?

Rien qu'un paradoxe financier, une légende habile, née un jour simplement parce qu'on l'a dite,
vivace parce qu'on l'entretient et la répète, accré-
ditée parce qu'on la redit et qu'elle passe. Au fond,
rien de vrai et le vrai, c'est le contraire.

Cherchez bien et vous verrez qu'au point de
vue des impôts, l'agriculture n'a que des privilèges.

Ceux qu'elle paie, on les paie ailleurs. Pour
nombre de ceux qu'on paie ailleurs, elle échappe.
Exempte de l'énorme mpôt des patentes pour son
industrie ; seule exempte entre toutes, expressément exempte pour tout son matériel ; exemptée
même d'impôts nouveaux, nés des dernières ca-
lamités publiques, elle est expressément indemne
jusque pour ses voitures.

Elle acquitte, dites-vous, les prestations ? Mais
quoi ! n'est-ce donc pas pour ses propres chemins
et quand, ses chemins établis, en partie, remar-
quez le bien, aux frais des villes qui n'en font
qu'un infime usage, dégagée ou, comme elle dit elle-
même, désembourbée, elle transporte désormais

avec un cheval ce qui lui réclamait naguère un triple attelage, comment faut-il appeler ce qui advient pour elle? Est-ce un bon marché ou un surcroît de charges?

Elle acquitte en réalité souvent la contribution foncière, rejetée de force sur elle par le propriétaire? Ah! vraiment, pas de sophisme ni de surprise! Qu'importe donc si cet acquit n'entre dans le fermage qu'en déduction du fermage?

Quant à la propriété terrienne, où donc prend-elle le droit de tant gémir et de demander qu'on gémisse pour elle?

Et d'abord, faisons bonne et loyale justice de ce cumul d'arguments que la sophistique financière emprunte à toute heure à la contribution foncière!

Cette contribution est-elle en effet rejetée de force par la propriété sur l'agriculture? Soit! mais alors que la propriété nous laisse en repos avec elle!

Même acquittée par le fermier, est-elle en réalité supportée par la propriété qui diminue d'autant son fermage ? Cessons alors d'en faire honneur, sujet de ruine et deuil à l'agriculture !

C'est chose risible et incorrecte que ce foisonnement d'impôt, que cette habitude industrielle — et la métaphore est du sujet — de tirer d'un sac deux moutures ; que cette ubiquité probante de la contribution foncière.

Mais cette contribution, voulons-nous la voir en elle-même, à sa place et quelle que soit sa place ? Ah ! les faits parlent haut. Ecoutons !

La fixation de son contingent annuel date de nos ancêtres, de bientôt cent ans.

Or, depuis lors, et sans que, par parenthèse, notre science monétaire en ait un instant su conclure à l'existence d'une erreur inouïe dans ses pratiques, et à son obligation d'y parer, de chercher et d'agir, le pouvoir de la monnaie a diminué dans des proportions énormes. Qu'est-ce à dire ? Que pour équivaloir à la charge originelle, il ne faudrait rien moins, aujourd'hui, qu'une somme triple, quadruple et plus encore peut-être. A-t-on touché au chiffre nominal ? Point ! Mais alors, dans cette dépréciation monétaire continue, malgré l'étiquette immuable, quel dégrèvement inapparent, dissimulé, nié peut-être mais réel et sensible et tangible, en faveur de la propriété foncière !

Je me trompe et il faut aller plus loin. Le chiffre nominal du contingent annuel, ce chiffre désormais décevant, mensonger, il a été lui-même modifié, mais modifié pour s'amoindrir. Toutes les contributions, constatons-le bien, toutes sans une exception, se sont accrues depuis lors dans des proportions considérables. Celle-ci seule a connu une marche contraire. En plusieurs reprises, elle a été réduite de plus d'un quart, sur les plaintes nullement naïves, mais audacieuses, mais répétées, incessantes et soutenues toujours, en d'autres temps, dans cette même enceinte, et de l'agriculture et de la propriété foncière.

Mais ce n'est pas tout encore.

On disait tout à l'heure que la contribution foncière se trouvait souvent, par répercussion et du fait du plus fort, rejetée de la propriété sur l'agriculture.

Comme cette parole est imprudente ! Comme elle trahit, mais comme elle éclaire ! Ah ! le plus fort prédomine ! Ah ! le plus fort, c'est-à-dire le plus indépendant et qui peut le mieux attendre, celui-là réussit à rejeter ses charges ou une part de ses charges sur d'autres épaules ? Eh bien oui, c'est vrai ; mais alors que s'ensuit-il ?

Il s'ensuit que de même que la propriété foncière, tranquille et pourvue dans sa possession intangible, maîtrise l'agriculture obligée de se faire sa locataire, tout ainsi, l'agriculture, armée du pouvoir d'attente de ses capitaux et de cet autre et grand pouvoir qui s'attache à la possession des produits nécessaires à la vie, rejette à son tour une partie du fardeau sur ceux qui suivent, à savoir la foule des consommateurs qu'elle grève parce qu'ils n'ont point, parce qu'ils dépendent et sollicitent, de telle sorte qu'au nom même de cette juste théorie de la répercussion indéfinie de l'impôt, la classe qui seule paie intégralement sa part, toujours plus que sa part, parfois toute la part, c'est en fin de compte, la classe dénuée, faible,

impuissante où passent de proche en proche
et s'arrêtent forcément la pesée, l'à-coup, la charge,
précisément parce qu'elle est la dernière et la plus
dénuée, parce qu'elle n'a rien ni personne au-
dessous d'elle sur qui elle puisse les rejeter à son
tour ; et elle paie, on le sait, elle paie au moyen
de son travail donné jour à jour ; elle paie du seul
bien qu'elle possède, à savoir sa vie.

Voilà, dans sa réalité, l'impôt. Voilà dans sa
réalité la répercussion de l'impôt.

En vérité, est-il donc permis de parler des sur-
charges de la contribution foncière? Où sont et que
valent en matière d'impôt, les gémissements, les
récriminations, les prétentions et de la propriété et
de l'agriculture?

Or, à cette heure, en leur nom, je me trompe
mais on nous trompe, au nom seul de cette dernière, on nous demande un impôt nouveau de
droits protecteurs, un impôt sur le bétail, sur les
céréales et les farines des céréales.

Pour retrouver l'analogue, pour renouer, dans
des conditions si étranges, la chaîne des temps,

où faut-il remonter? A plus de quarante ans en arrière, c'est-à-dire au régime d'une monarchie, d'une aristocratie, disons d'une oligarchie propriétaire et financière, d'un suffrage restreint, de la constitution de la société tout entière à l'image et pour le profit de la classe infinitésimale en possession exclusive des droits et du pouvoir, au régime enfin de ce qui s'appelait le pays légal, en regard apparemment d'un pays illégal.

Qui doit supporter cet impôt?

Oh! sans répercussion cette fois, sans conteste, sans dénégation ni formulée ni possible, c'est et c'est seule la classe dénuée, la classe des grands consommateurs de pain. Et pour quel profit? Pour le profit exclusif des autres, profit qui est l'objet même de la loi et partant, est réclamé, avoué, acclamé, proclamé.

Mais — et ici la voix de l'orateur devenait plus mordante — cette charge quel en est le chiffre?

Là, on se dérobe, on équivoque, on nie. Par un phénomène singulier de transfiguration et de complaisante optique politique, auquel on ne trouverait pas de nom dans la langue parlementaire, ce qui, du côté de l'agriculture, apparaît comme un profit précieux, considérable, réparateur et sauveur, se rapetisse et se réduit, du côté du consommateur, aux proportions d'une charge infime.

Au fond, qu'on nie, équivoque ou se dérobe, rien d'aisé comme de se rendre compte.

Est-ce qu'à son dire, le droit protecteur ne doit avoir d'effet que pour les viandes et les céréales étrangères présentées aux douanes? Oh! non.

Consultez et la science économique, qui est vôtre, et le bon sens tout simple! Tous deux témoignent. Il est trop clair que le droit relève, de son chiffre même, la totalité des prix intérieurs.

Cherchez-vous aux intentions accusées? Ce relèvement est le but, la promesse, l'espérance. S'il manquait, quelle déception! Quel déboire! Quel grief! Ce ne serait rien moins que la condamnation, la faillite de la loi et surtout du législateur.

Voulez-vous enfin le fait même, le fait précis,

probant, brutal, irrécusable ? Il est là. Tenez ! voici les tableaux d'un pays protégé. Voyez si, par rapport aux marchés libres, ses prix intérieurs ne sont pas relevés du montant même des droits!

Or, dans ces termes, qu'avez-vous sous les yeux en France? Une consommation annuelle de quatre-vingt-dix à cent millions d'hectolitres de céréales, surélevés de cinq francs par quintal. Allons ! sans peur, sans honte, disons que c'est un impôt annuel de plus de quatre cents millions, une capitation de dix à douze francs pesant sur le troupeau sacrifié des consommateurs !

Disons hautement, nettement, parce que nous le savons, qu'ici encore, qu'ici plus que jamais, c'est la classe dénuée, sans recours, sans clairvoyance, sans défense, qui fera, plus que toutes les autres, qui fera, seule entre toutes, les frais odieux de ces largesses !

Disons hautement, nettement, puisque nous le savons, que dans un ménage d'ouvrier consommant au bas mot de trois à quatre kilogrammes de pain par jour, parce que le pain est la consommation principale, le nouvel impôt constituera une charge annuelle de soixante à soixante-quinze francs !

Disons, parce que nous le savons, que dans ces ménages la vie se gagne péniblement au jour le jour ; que le besoin est le lot de l'année ; qu'on n'y acquitte pas sans effort, et que souvent on n'y peut acquitter — témoin les exemptions forcées — les deux ou trois francs d'une contribution personnelle ; qu'une maladie de quinze jours jette une famille à la misère, à l'aumône, à des dettes irréparables ; que dans ces couches obscures et profondes, l'une des causes de la plaie du lundi n'est autre que l'impossibilité de se procurer jamais des habits qui n'humilient point dans la foule du dimanche, et qu'on y garde jusqu'à la mort, au prix des menaces certaines et comprises de la maladie et de la mort, un logement malsain, faute de quarante francs de plus qu'on ne peut pas avoir pour le logement salubre !

Disons hautement, nettement, sans peur, sans honte, que sachant tout cela, les yeux fixés avec calme sur tout cela, nous puisons dans chacun de ces foyers de misère, sur les salaires insuffisants, sur la vie qui périclite, soixante à soixante-quinze francs par an, pour les participants de l'agriculture !

Et encore si véritablement il s'agissait des intérêts de cette grande industrie nationale, s'il s'agissait de l'agriculture. Sans doute, le sacrifice n'en serait pas moins indéfendable, car on ne prend pas à l'un pour donner à un autre, au dénuement pour assurer des gains, à la misère pour compléter l'aisance. Tout au moins, aurait-on un prétexte, une excuse, un motif.

Mais non ! il n'y a là qu'illusion et erreur, mensonge et confusion tissés par des mains habiles.

On parle d'agriculture ! Les droits profiteront à l'agriculture ! sauveront l'agriculture ! — Laquelle ?

Est-ce la petite culture ? Non ! cela n'est pas vrai.

La petite culture — et on le sait bien — ne produit guère que pour elle. Ses apports au marché sont insignifiants, et ce qu'elle gagnera par ses minimes ventes, elle le reperdra — on le sait encore — sur ses achats de pain, sur les salaires augmentés de ses ouvriers, sur les prix surélevés de toutes choses. Ah ! certes, il y a longtemps qu'on la catéchise, qu'on l'enrégimente sous la main de chefs autrement avisés qu'elle. Mais on la trompe et, si elle intervient, qu'elle le comprenne ! elle intervient pour autrui. Elle n'a pas à intervenir.

Reste la grande culture.

C'est celle-là, dit-on, qui surtout périclite, décline, souffre. C'est celle-là dans tous les cas qui se plaint, a pris l'initiative des plaintes, se coalise, coalise, conspire, mène en sous-ordre, sans le savoir, mais à plein collier, à plein vouloir, cette campagne des droits dits protecteurs de l'agriculture, réparateurs des souffrances de l'agriculture.

Eh bien ! là, quelles sont les souffrances ?

Les souffrances ? Voyez quelle est la vie !

Certes, l'enquête doit être discrète. Mais vraiment, ne faut-il pas dire que la notoriété la remplace ? Les souffrances, c'est la répugnance, la frayeur et le dédain de la peine des ancêtres. C'est le désir de se soustraire le plus vite possible à ce que la nature en impose. C'est l'impatience au sein d'allégements continuels des labeurs, mais aussi des exigences croissantes d'un luxe nouveau, de ne pouvoir accroître encore, jusqu'au terme des désirs, nombre de biens facilement acquis, chèrement prisés, savourés sans mesure : large existence seigneuriale, jeu, table, chasses, réceptions mutuelles échelonnées d'un bord à l'autre de l'année.

Les souffrances, c'est aussi — notons-le bien haut ! — c'est le poids de fermages excessifs qu'en se disputant cette existence heureuse à la chaleur des enchères, on a souscrits, souscrits imprudemment à la propriété terrienne.

Or, est-ce à ceux-là que vont profiter les droits protecteurs ? — Oui ! mais comment et dans quels termes ?

Dans quels termes ? Eh ! vraiment, mais pour le

temps des baux en cours, mais jusqu'à la fin des baux en cours.

Pour qui est-il douteux qu'au premier renouvellement de bail, le fermage suivrait l'accroissement du prix de vente des produits de la ferme, et n'a-t-on pas vu déjà des propriétaires éclairés par leur prévoyance, sans le secours d'aucun conseil de la science économique, stipuler et obtenir, pour le cas où les droits protecteurs seraient votés, un prix de fermage additionnel?

Ainsi, il n'est donc pas vrai que les droits proposés sur les céréales soient et puissent être un appui sérieux, régulier, durable, un moyen de relèvement de l'agriculture. Les présenter sous ce jour n'est qu'une illusion, un trompe-l'œil, un prétexte nécessaire ou un mensonge.

Ce qu'ils seront et cela seul qu'ils peuvent être, c'est un appât dans les mains de recruteurs avisés, peu nombreux, ayant besoin de l'appui d'une classe intéressante et nombreuse. C'est un présent odieux dans sa violence légale, odieux par ses manœuvres, odieux surtout par la source où on le puise, qui est le bien des faibles et des pauvres, un présent gratuit et momentané fait aux fermiers actuels et pour le temps de leurs baux actuels.

Mais ce qui est vrai, ce qui apparaît et réapparaît toujours, au bout de toutes les avenues, c'est la présence habile et habilement dissimulée, c'est la main avide et sûre de la propriété foncière.

C'est à elle toujours que tout revient, tout aboutit, tombe et retombe, tout profite.

On ouvre des chemins vicinaux ? Les fermiers les paient, argent et nature. Les chemins ouverts, elle leur en fait payer sans fin les services, en relevant la valeur de ses terres et de ses fermages. On construit des chemins de fer? D'autres surtout les paient. Mais une plus-value en rejaillit. Elle l'encaisse, en surélevant le prix de ses terres, loyers, fermages.

Eh! bien ici, qu'on le sache! il n'en va pas être autrement.

Un moment, la propriété foncière va laisser à l'agriculture, sa locataire et servante, le bénéfice des lois céréales. Oui! il le faut bien. C'est l'amorce des réclamations nécessaires, la solde des volontaires attendus dans la campagne semi-monarchique et semi-industrielle, intéressée toujours. C'est, qui sait? le cadeau des noces électorales peut-être. Elle le cède en maugréant, en rongeant son frein, mais certaine, à l'occasion de vos droits comme en toute autre, qu'elle et elle seule sera la dernière et véritable bénéficiaire.

Donc, prenez garde !

Prenez garde ! Mais, hélas ! vous le savez bien, vous allez manquer votre but annoncé : enrichir la propriété qui n'a point ici sa place, n'est-ce pas, ni dans vos pensées ni dans vos paroles, et non l'agriculture, votre souci patent, votre cliente avérée. Vous allez, pour un secours d'un éclair à celle-ci qui se plaint, assurer sans droit, contre tout droit, un avantage perpétuel à celle-là que vous n'oseriez écouter si elle se plaignait, qui n'a nul droit de se plaindre et n'oserait se plaindre.

Prenez garde ! Après les céréales, on vous réclamera des droits protecteurs sur le pain luimême, après le bétail sur pied, des droits sur les viandes abattues. Vous entrez dans une voie qui déshonore et dévore.

Prenez garde ! Pour nos pères de 1789, non seulement la réélection n'était point un souci, mais ils se déclaraient volontairement inéligibles. Oubliant délibérément leurs villes, leurs provinces — vous les avez entendus et les entendez encore à travers les années — ils se proclamaient uniquement les députés de la France.

Entrainés, absorbés, parqués, perdus dans nos groupes viticoles, houillers, sucriers, agricoles, industriels, nous nous recréons des provinces et, plus bas dans la pente, ce sont des intérêts qui sont nos provinces. La France est oubliée et nous renions nos pères.

Dans un temps où la démocratie, qui jadis déjà coulait à pleins bords, devient une mer sans rivages, vous allez commettre une imprudence suprême en oubliant, en violant les droits de la démocratie.

Prenez garde enfin ! en rognant dans la main des misérables le pain du jour, le pain de la femme et des enfants, pour donner aux classes aisées de la France, vous allez, en contrepied même de l'aristocratique, de l'insensible Angleterre, établir la taxe des riches en regard et en place de sa taxe des pauvres. Vous allez faire un acte abominable.

L'histoire attend. Elle attend toujours. Comptez qu'elle vous sera sévère ! Sur ses pages inexorables, savez-vous le nom que va recevoir cette campagne néfaste ? Elle s'appellera LA LIGUE DU PAIN CHER et elle y prendra place à côté de ce qui s'est appelé : LE PACTE DE FAMINE.

Des applaudissements éclatèrent. Ils ressemblaient à ceux qu'on adresse à un virtuose.

Le jeune homme descendit lentement de la tribune, triste, la lèvre dédaigneuse, et regagna son banc sans jeter un regard sur un seul de ses collègues.

On passa au scrutin. La loi sur le bétail et les lois céréales étaient votées.

*

* *

La scène changeait.

Une voix monotone et comme lointaine, celle du président de la Chambre, appela un autre objet à l'ordre du jour.

Cet objet était un point réservé de la nouvelle loi militaire. Il s'agissait de décider si la réduction du service à une année serait ou non acquise de droit à des catégories déterminées de jeunes gens, engagés dans certaines études.

L'assemblée était visiblement édifiée, fatiguée plutôt encore peut-être d'une discussion précédente, éparpillée sur plusieurs jours, et ce reste de débat n'en était plus qu'une sorte de résumé destiné à provoquer la clôture et le passage au vote.

Un de ses membres prit aussitôt la parole.

Parvenu à l'âge moyen de la vie, de maintien grave, sévère, un peu compassé de geste, d'accent et d'allure, il offrait au regard une physio-

nomie franche, honnête, sympathique qu'animaient
à demi de grands yeux pleins de lumière mais
sans chaleur.

Tout d'abord, il revint un moment, comme pour
procéder à un simple enregistrement sans conteste, sur cette donnée devenue banale que le budget de l'Etat ne pouvait permettre l'appel entier
des classes sous le drapeau ; qu'en conséquence,
une mesure s'imposait de façon impérieuse, inévitable, celle des réductions de service. Dans ce
cas, n'était-il pas plus sage, plus conforme à la
tâche d'une assemblée politique d'en demander le
règlement à des motifs mûrement reconnus et pe-
sés d'intérêt public, plutôt que d'en abandonner la
répartition à des influences ou au hasard ?

Or, que voulait l'intérêt public ? Manifestement,
il exigeait au premier chef que le pays fût largement pourvu du contingent d'ingénieurs, de légistes, de professeurs, de savants, de constructeurs de tous ordres que les conditions actuelles
de la civilisation rendent absolument nécessaire.
Sans lui, sans ce contingent, point de société au-

jourd'hui qui puisse assurer sa prospérité, ses progrès, tenir son rang dans le monde. Il y a plus, de nos jours n'est-il pas constant, hélas! que la guerre, qui réclame à coup sûr la puissance du nombre, est aussi devenue et par-dessus tout une affaire de science?

Qu'est-ce à dire alors? Qu'autant que sous le drapeau on sert son pays, on concourt au grand œuvre de la défense nationale à l'école ou au laboratoire.

Ce concours, cette autre puissance précieuse et décisive, veut-on les avoir? Il faut leur donner les moyens de naître. Or, trois années consécutives d'interruption dans les études, au début de la carrière, seraient visiblement l'oubli, l'échec, l'abaissement du niveau. Ecoutez les facultés! Consultées, elles vous répondent de toutes parts : l'obligation des trois ans de service militaire est, pour les études, le découragement par la certitude de perdre les parties apprises, l'abandon peut-être sous le coup du découragement inévitable.

Est-ce là ce que vous voulez, ce que vous pou-
vez vouloir?

Eh! quoi, d'ailleurs, est-ce donc qu'il s'agit de
se dérober, est-ce qu'il s'agit de ravir au devoir
sacré de la défense nationale? Non, non! les jeunes
citoyens que la loi libèrera de deux ans de service
auront fait une année complète. Au premier appel
du danger, ils paraitront les premiers sous les
drapeaux. Point, comme on voit, point de privilèges à redouter, à stigmatiser, à combattre! Si,
en temps de paix, on exempte de la caserne les
inutiles de la caserne, nécessaires ailleurs, réclamés ailleurs par l'intérêt du pays, à la première
alerte, tout le monde accourt, prend place dans le
rang et marche.

Au nom donc des nécessités financières de l'Etat,
de l'allègement indispensable de vos contribuables, au nom du pouvoir intellectuel de la France,
de sa prospérité industrielle, au nom même des
intérêts de sa défense, laissez là le hasard et le
sort qui ne sont qu'un aveu d'impuissance et,
puisqu'il faut des réductions de service, au lieu de

les attribuer à la simple aventure ou, ce qui vaut moins encore, aux caprices futurs des sollicitations, des choix administratifs, à l'arbitraire périlleux des circonstances, confiez à la loi, à la loi seule, le soin de les régler par les seules considérations de l'intérêt public, impartiales et sûres et indiscutées celles-là parce qu'elles prononceront à l'avance et uniquement par mesure générale, hors et à l'abri de toute connaissance individuelle, jamais par mesure individuelle !

Celui qui se chargeait de répliquer à ce plaidoyer présenté sobrement, mais pourtant avec la légère nuance d'apparat du conférencier ou de l'homme d'affaires, formait avec le précédent orateur un contraste singulier.

Court, ramassé dans sa taille avec une tête énorme, tout ébouriffée d'une forêt de cheveux d'un brun fauve, les yeux à demi-cachés par d'épais sourcils à travers lesquels passaient par intervalle comme des étincelles aussitôt disparues, il offrait dans toute sa personne l'image de la force, mais d'une force passionnée, résolue, jusqu'à l'entêtement peut-être, et cette image, sa parole brusque, hardie, un peu brutale, animée d'une verdeur toute populaire, ne la démentait pas.

On eût dit qu'il se plaisait tantôt à faire porter au compte du hasard ou de l'incorrection, par ses adversaires, les mots durs à entendre, tantôt à garantir une impunité railleuse aux vérités difficiles à dire en les noyant en quelque sorte au milieu d'aspérités inoffensives dont elles ne paraissaient pas dépasser le niveau. Rapidement il passait d'un trait à un autre, de telle sorte que le coup reçu, quand venait à la pensée la plainte ou la riposte, on se trouvait emporté déjà sur un autre terrain et par une autre attaque.

Les budgets insuffisants, disait-il, insuffisants pour compléter l'armée ! Voilà un argument d'indignité. Je ne dis pas qu'il ne peut prévaloir. Je dis qu'ils ne doit pas paraître.

Pour l'homme de cœur, quel souci de fortune n'est écarté, proscrit, rejeté sans merci de la balance, devant la nécessité de prévenir ou de châtier une insulte ? De même pour la France, avant tout, l'armée ! Au besoin, tout le budget pour l'armée ! Décapitez, s'il le faut, vos services ! S'il le faut, honnis soient le luxe national, la richesse nationale, les splendeurs nationales ! Vous dites le rang dans le monde ? Assurez la défense nationale ! Le rang c'est l'honneur.

Mais vous n'avez pas besoin de la totalité de ces services. Est-ce vrai ? Soit, à la bonne heure.

Seulement alors, à qui allez-vous faire la remise partielle ?

Ah ! on sait bien que certaines classes de cette population qui savent se pousser, s'avantager, argumenter, parler, crier, écrire, plaident leurs préférences, indiquent des partis. Pour une assemblée politique, où sont les raisons ?

Le jeune savant compromettra ses connaissances acquises ? Pour l'ouvrier, fils du peuple, est-ce donc un moindre mal que d'oublier les procédés du métier qui est le gagne pain, que de « perdre sa main », comme il le dit dans la tristesse autrement émouvante de son expressif langage ?

Le niveau intellectuel baissera en France? Il y aura détresse d'ingénieurs, d'industriels, d'inventeurs, de constructeurs ? Quoi ! parce que quelques jeunes gens, à l'âge où tout se ressaisit si vite et se répare, auront attendu deux ans de plus pour reprendre une étude qui sera de toute la vie ? Quelles frayeurs, quel excès d'angoisses patriotiques, si ce n'était un conte ! En vérité, si honnêtes gens qu'on puisse être, n'est-ce pas abuser de l'exagération que le dicton autorise ?

Les facultés le disent ? Laissons donc les facultés! C'est l'orfèvre de la comédie.

Non, non! pour ces classes de la population, la seule et vraie raison de recommander ces jeunes gens à la faveur grande du service partiel, savez-vous quelle elle est ? C'est que ce sont les leurs.

Voyez! Dès la Restauration, naissait et s'imposait dans les conseils du gouvernement l'idée, la juste idée de l'obligation du service personnel. Mais ces classes étaient maîtresses : l'idée juste attend soixante ans.

Ces classes étaient maîtresses? Pendant plus d'un demi-siècle, on se rachète à prix d'argent du service militaire. Pendant plus d'un demi siècle, le service de sept ans triomphe et persiste sans récrimination, sans atteinte comme sans scrupule.

On se rachète pour de l'argent, il ne part que des enfants du peuple ? Sans sourciller, on accepte, on applaudit à outrance une campagne terrible engagée, pourquoi ? pour une question d'étiquette, parce qu'un monarque a refusé à un autre de le traiter de frère au lieu d'ami. On applaudit à un siège qui engloutit dans ses tranchées cent mille hommes qui ne reverront pas la France, après lui, à deux autres guerres coûteuses, impolitiques et sanglantes.

Mais plus tard, quand le service personnel a prévalu, quand on subit le service à côté des autres, si la France mobilise un deux-centième de ses forces pour une expédition de quatrième ordre, sous le sentiment de la nécessité de suivre et contrebalancer des rivalités menaçantes, sous le sentiment aussi, justifié par toute l'histoire, que dès qu'un peuple cesse de s'étendre il retombe sur lui-même et entre dans l'ère de son déclin, ah ! quels cris, quels blâmes, quelles attaques, quelles intimidations autour des têtes ministérielles, assaillies, suppliées, menacées !

Détail piquant, non, détail éloquent, veux-je dire, n'avez-vous pas vu de vos ministres de la guerre, qui n'y avaient jamais songé jusque là, se réveiller tout à coup à l'approche, disaient-ils, d'éléments nouveaux, dont ils invoquaient les droits avec une inconsciente ingénuité, étudier, décider, prescrire, des installations meilleures dans les casernes ?

Ah ! vraiment, la guerre déchaînée, demandera-t-on aussi, pour les éléments de prédilection, des aménagements particuliers au bivouac ou à la bataille ?

Non ! non ! n'équivoquons pas et ne nous méprenons pas ! L'idée de derrière la tête, qu'on n'avoue pas, qu'on n'avouera pas, l'idée latente ou, je le veux bien, inconsciente peut-être, c'est qu'il y

10

a des existences plus précieuses et des existences de moindre valeur et qu'il est d'intérêt social, quand d'ailleurs on n'en est pas, de sacrifier celles-ci de préférence, tout ainsi qu'il est de bonne administration et de prudent calcul, plutôt que de risquer un cheval de prix ou une porcelaine rare, de livrer à l'accident et à la destruction la bête grossière et le vase de faïence commune.

N'évoquons pas et ne nous méprenons pas ! Le but dissimulé mais formel, c'est le rétablissement sous une autre forme et, pourvu qu'il soit, sous une forme quelconque, mais certain, mais de même conséquence pratique, le rétablissement masqué, détourné, dégagé même de ses conditions pécuniairement onéreuses, de l'engagement conditionnel, du privilège impopulaire, discrédité, maudit du volontariat d'un an.

C'est là le vœu universel, têtu, incorrigible, inébranlable, du père de famille en faveur de ce que nous appelons, encore aujourd'hui, d'une appellation aujourd'hui si étrange : le fils de famille.

Eh ! bien, sachons-le, l'idée du choix en matière

de sacrifice des existences humaines qui serait, j'y consens et le proclame, naturelle, habile, louable, avisée, d'un bon et sage administrateur, de la part d'un monarque gérant et aménageant son peuple comme un troupeau de bétail, cette idée, parmi nous, elle révolte la conscience publique, elle est impossible à défendre.

Pour l'anéantir, je me borne à dire à ceux qui la couvent ou la professent : je vous défie d'oser, oh ! non pas même à cette tribune, non, mais ailleurs, mais n'importe où en France, excepté à ce foyer de la famille discret et hardi, sourd et impénétrable qui entend, tolère, encourage toutes les lâchetés et tous les égoïsmes, je vous défie de l'énoncer. Je fais plus : je vous défie, tout en la portant au fond du cœur, de ne pas la démentir, la renier, la réprouver comme une idée abominable.

Quant à l'institution d'un service réduit par privilège, au profit d'une classe ; quant à cette résurrection détournée du volontariat d'un an, quelque forme qu'on lui donne, attendu qu'elle laissera toujours place à ce soupçon, qui n'est point une offense, qu'au moment d'un appel de guerre, les puissants et les habiles sauront prétexter de la nécessité d'un supplément d'instruction pour ses privilégiés avant que l'intérêt même de la défense permette de les verser dans le rang, à côté et à l'égal des autres ; attendu qu'il n'entre plus dans la pensée française qu'un homme consente à se faire tuer pour un autre, encore moins qu'on l'envoie, de force légale, se faire tuer pour un autre ; qu'enfin, la passion de l'égalité est, pour la race, la passion maîtresse, cette institution du service réduit par privilège, au profit d'une classe, non, quelque forme qu'on lui donne, on ne l'aura pas !

Et il faut prédire que si, par aventure et un jour ou l'autre, il était donné, imposé pour mieux dire, ce serait, un jour ou l'autre, mais à coup sûr, au risque de châtiments mérités pour ceux qui en auraient provoqué la résurrection et recueilli l'héritage.

A la suite de cette harangue, sur les conclusions conformes du rapporteur et l'avis du ministère, on allait aux voix et l'assemblée repoussait la mesure du privilège.

Mais, au moment de la proclamation du résultat du scrutin, deux députés voisins se penchaient discrètement l'un vers l'autre :

— Eh ! bien, voilà qui est dur pour Georges et Marie. — Que voulez-vous, ils attendront. L'électeur ne veut pas attendre. — Vous dites vrai : il y allait de la réélection. C'est le *to be or nor to be.* —Laissez donc, se récriait un troisième : le Luxembourg n'est pas mort : le salut viendra de sa montagne. — Bravo ! coup double ! Bonne impopularité là-bas ; ici, profit avec renom de stoïcisme et applaudissement populaire ! — Le congé sans scandale et le foyer sans peur.

*

*   *

Après quelques minutes de silence, voici qu'un murmure s'élevait mi-parti, suivant le côté de l'assemblée, de mécontentements sourds et de conversations vives.

C'était l'approche du budget des cultes.

Et toutefois, on comprenait à nombre d'indices, qu'il ne s'agissait pas d'une discussion véritablement sérieuse.

Au bureau du président, point de liste d'orateurs inscrits. Nulle part, de ces préparatifs annonçant qu'on se met sous les armes et qu'on prend ses rangs pour un combat. La lutte, s'il s'en engageait une, serait visiblement courte, et ne constituerait qu'un incident de séance.

Et en effet, un seul membre se présentait à la tribune et, d'un air détaché, se bornait à déclarer que lui et ses amis allaient voter contre le chapitre soumis au vote, chapitre d'importance et d'intérêt fort secondaires ; que ce vote contre une dépense toute spéciale aurait, de leur part, le sens d'un refus absolu et d'une protestation générale contre la totalité du budget des cultes et qu'ensuite, ils se désintéresseraient de la discussion et, au besoin, des votes successifs à intervenir.

Aussitôt vingt réclamations ou attaques par-
taient des bancs de l'assemblée, ironiques, colères,
froides, emportées, provocantes, auxquelles répondaient en regard, coup pour coup, autant de ri-
postes hautaines, violentes, menaçantes, parta-
geant l'assemblée en deux camps qu'on délimitait
et mesurait du regard. Échangées rapidement
d'un bord à l'autre, à de brefs intervalles, elles
ressemblaient aux cliquetis d'épées d'une série
de duels, ou mieux encore aux crépitements pré-
cipités d'une fusillade de tirailleurs, au début
d'une bataille.

Ah! ah! vous reconnaissez enfin qu'il est trop
tard pour soulever, vers la fin de cette législature,
un débat pareil! — Comme votre ardeur pour la
séparation a faibli! Est-ce qu'on en serait là-bas
à respecter le Concordat, à cette heure?

Vous nous défiez? soit! entendu! pas n'est besoin de cet appel de trompettes.

C'est aux élections prochaines que la question
devra se poser devant le suffrage universel. —
Oui! oui! les élections, voilà la préoccupation qui

l'emporte — la crainte de l'électeur est le commencement de la justice.

Rendez-vous pris! — Nous y serons. — Tâchez d'y être! — Nous nous reverrons à Philippes.

Au jour des élections, il faudra bien s'expliquer sans équivoques. — Vous sentez que le pays n'est plus avec vous. — Ce qu'il veut, c'est qu'on laisse l'Eglise et le clergé tranquilles.

Nous saurons, au jour dit, si c'est à vous que le pays donnera raison, à vous et à vos curés. — En 1789, vos curés étaient dans nos rangs, contre leurs dignitaires et contre les abus de l'Eglise.

— Oui! avec nous, quand le peuple a scellé sur l'ancien régime la pierre du tombeau d'où il ne se relèvera plus.

— Ces curés, vous les avez guillotinés!

— Parlez-nous donc des gens que vous avez brûlés! — Quand vous voudrez, nous ferons le compte des cadavres. — On verra qui a fait couler le plus de sang en Europe et en Amérique. — Encore un rendez-vous! le tenez-vous aussi celui-là?

— La séparation de l'Etat et de l'Eglise ! mais il y a longtemps qu'elle est faite. — Le clergé n'est-il pas exclu des affaires politiques et civiles ?

Faite ? ah ! vous crieriez moins si vous ne saviez pas qu'elle est à faire. — Point de laïcisation complète de l'Etat, sachez-le bien, sans la séparation de l'Etat et de l'Eglise !

— La discorde est au camp, — La fameuse ligue est à bas, — La question vous divise.

Nous divise ? Jamais ! — Sur le moment, les avis diffèrent, mais le but est pareil. — La tâche commune. — Nous sommes tous ensemble pour faire face à l'Eglise et aux prétentions monstrueuses qui sont au fond de sa pensée.

Vous représentez le régime théocratique — nous la Souveraineté nationale.

— Nos pères et les vôtres ont lutté les uns contre les autres.

— Et nos enfants continueront le même combat.

Le temps est là ! — Nous pouvons attendre — et vous ne perdrez rien pour attendre !

Sur ces derniers mots, un vieillard se levait vivement sur l'un des plus hauts gradins de l'assemblée et, en quelques secondes, descendait vers l'hémicycle.

Un silence se fit, tout empreint d'une curiosité mêlée peut-être d'une nuance de respect.

Il gravit d'un pas brusque les degrés de la tribune, le front légèrement baissé, les épaules en avant, dans l'attitude familière aux lutteurs au moment d'aborder l'adversaire.

Là, il releva la tête, rejeta ses cheveux en arrière d'un geste qui ne manquait pas de noblesse, bien qu'un peu théâtral, et démasqua un visage extrêmement pâle, amaigri, presque décharné, creusé de rides profondes, auquel de longues moustaches grisonnantes, tordues autour de la bouche, achevaient de donner une expression de rudesse, pendant que par une opposition saisissante, les yeux doux et rêveurs y répandaient une teinte de bonté et de mysticisme.

Vous pensez, mes collègues, dit-il d'une voix forte, à laquelle on devinait que l'habitude des luttes d'opposition politique avait imprimé un accent involontaire de rudesse presque agressive, vous pensez et vous proclamez que pour les dominations théocratiques, pour les institutions d'ancien régime, la défaite finale est certaine? A-dieu-ne plaise que je cesse un seul jour, un seul moment d'y croire! Mais que, suivant un mot imprévoyant prononcé tout à l'heure, vous puissiez dormir sans risque, sans danger, sans reproche; mais qu'il vous soit loisible d'attendre, oh! cela, je le nie.

Oui! le temps fait toujours son œuvre. Mais combien de fois ne la fait-il pas trop tard pour l'éphémère existence des hommes! Est-ce qu'une éclipse momentanée de la liberté n'est pas toujours possible? Et alors, combien n'est-il pas douloureux de finir, en rêvant vainement d'espérance, dans une de ces éclipses momentanées de la liberté!

En sommes-nous là? En sommes-nous menacés? Oui, je le crois. J'en appelle à votre vigilance. A votre vigilance? Non, pas même, mais tout simplement à un spectacle qui frappe vos yeux tous les jours malgré qu'ils en aient, à des bruits qui assiègent quotidiennement vos oreilles, fussent-elles inattentives ou rebelles.

Ah ! vraiment, nous sommes bien insouciants et la France, et cette assemblée s'enferment, se cantonnent ou s'abandonnent bien étourdiment, à cette heure, dans une extraordinaire, dans une inexplicable quiétude, comme si, — *Dî talem aver-tite casum!* — quelque Jupiter des cultes nouveaux commençait, lui aussi, par faire perdre le sens à ceux qu'il veut perdre.

Est-ce que vous ne savez pas par hasard que l'Eglise compte autour de vous soixante mille membres, actifs, ardents, résolus, dévoués; citoyens étrangers qui cessent de vous appartenir dès qu'ils lui appartiennent et, par une exception inouïe qu'ils doivent à votre seule imprudence, passent impunément à un gouvernement étranger pour le servir, tout en gardant leurs droits dans le vôtre pour le combattre ; que ces serviteurs, elle les pénètre, par une éducation longue et savante, de toutes les doctrines incompatibles avec les vôtres, avec tous les intérêts et les droits, avec les conditions mêmes d'existence de votre société civile ; que, sous couleur de retraites religieuses, on les rassemble tous les ans, à tour de rôle, dans un centre choisi, pour y renouveler dans leurs âmes cette provision d'hostilité au cas où elle se serait évanouie, affaiblie seulement au contact de l'esprit de tolérance, des lumières, du savoir, des amitiés mêmes du monde ; que tous sont voués, malgré 1789, à des vœux perpétuels et que ces hommes, jamais, jamais, vous ne les ramènerez ?

Oh ! si fait, vous le savez.

Est-ce que vous ne savez pas que ces serviteurs sont soumis à la discipline la plus forte, la plus serrée et redoublée, la mieux éprouvée qui soit au monde ; que sur eux, le pouvoir des évêques est sans limites ; que suivant le mot imprudent, le mot révélateur de l'un d'eux, c'est comme un régiment qu'ils marchent ; que l'Eglise, comme toutes les sociétés menacées, a cherché recours et refuge dans la dictature, dictature la plus absolue, la plus

formidable de toutes : celle de l'infaillibilité spiritu-
elle, de telle sorte qu'un seul homme tient désormais
tout dans sa main, sans discussion, sans conteste,
sans examen même ; que la Société de Jésus que
vous avez voulu, que vous n'avez pas pu, que vous
n'avez pas su chasser, un jour qu'il vous a paru
de salut public d'en purger le territoire, mène
votre Eglise, avec tous ses pouvoirs politiques dis-
simulés, niés, incoercibles, intangibles.

Si fait, si fait ! Vous le savez.

Est-ce que vous ignorez que toute cette armée,
ennemie sans retour, c'est vous qui la payez à
l'Eglise pour établir contre vous, dans chacune de
vos communes, au moins un de ses soldats tour à
tour et tout à la fois polémiste et propagandiste
détracteur et informateur, recruteur financier et
testamentaire, agent électoral ; que non contents de
les payer à l'Eglise, c'est vous qui de vos propres
mains, de tout le poids de cet éternel bras séculier,
encore aveuglément soumis malgré ses révoltes,
les lui enchaînez par la sanction de la discipline,
par l'uniforme, par l'interdiction du mariage que

rien n'interdit dans vos codes, par l'impossibilité que vous faites vous mêmes, de toutes parts, au prêtre interdit de rentrer jamais dans la vie civile, par le sentiment dont vous le pénétrez, sous tous les coups de l'État, qu'il faut, il faut rester sous le joug ou courir aux Gémonies?

Non, non! vous n'ignorez rien de tout cela.

Est-ce que vous ne sauriez pas que l'armée ecclésiastique de l'Église se double, à cette heure, d'une formidable armée laïque, venant déjà à vos urnes électorales avec trois millions d'électeurs, en même temps que le foyer, qui ne connait pas de relâche, élabore contre vous tous les jours des inimitiés nouvelles?

Est-ce que vous ne savez pas que sur l'ordre même, sur l'ordre exprès de l'autorité papale, rendu public mais qu'on néglige et oublie, l'Église couvre votre sol de cent sociétés créées par elle l'assimilation, d'intimidation, de séduction, de conquête, qui prennent pied partout autour de vous, et s'évertuent à faire entrer peu à peu toutes vos populations dans leurs cadres, sûre l'Église que, quand elle les aura dans sa sphère, elle saura bien les imprégner de son atmosphère et les ranger sous sa puissance?

Non contente de ses fondations propres, à l'image d'une armée d'invasion qui, loin de se répandre à l'aventure et d'un flot uniforme sur la contrée qu'elle convoite, va droit aux points stratégiques qui sont comme les centres vitaux de la nation, est-ce que l'Eglise ne s'empare pas de tout ce qui dans le pays, a une organisation saisissable, une action utile?

Rien d'assez grand pour qu'elle redoute et renonce! Rien d'assez petit pour qu'elle dédaigne!

Ici, ce sont vos sociétés d'agriculture transformées en sociétés politiques — là vos sociétés de secours mutuels, séduites et récompensées par les dons quand elles consentent à se laisser asservir par les membres honoraires du parti, et quand, mues par un sentiment d'indépendance et d'honneur, elles résistent, impitoyablement écrasées sous les hostilités, les obstacles, la détresse.

Plus loin, minces et mondaines sociétés d'orphéons ou de gymnastique — corps de sapeurs pompiers et officiers de votre armée territoriale — bureaux de bienfaisance et d'hospices. —

Gens de police de l'Empire jetés au ruisseau par la République, furieux non du ruisseau mais du rejet des subsides. —

Officiers ministériels nommés par vous, mais qui, sous la certitude que votre régime est celui des réformes, sans une exception, remarquez-le bien, et d'un bout du territoire à l'autre, usent ardemment, prudemment, jour à jour, de leur fonction et de leur influence, de leur habileté et de leurs ressources, pour miner encore plus que pour combattre ce régime insolent qui, au nom de la justice, du bon droit, des intérêts populaires, ose s'inquiéter de leurs exactions et de leurs privilèges. —

Tribunaux de commerce par lesquels on domine une classe par-dessus tout craintive et prévoyante, remuante et nombreuse. —

La magistrature! Ah! la magistrature, n'est-ce pas que celle-là, trop confiante dans ses situations d'inamovibles, aussi trop impérieusement sommée d'agir, mais il le fallait pour le moment d'un assaut suprême du parti, s'est dévoilée jusqu'au scandale ? N'est-ce pas que ce jour là, il ne vous a pas été possible de n'y pas reconnaître l'esprit et la main des maîtres et que vous avez toutes raisons de vous en souvenir ?

Après, ce sont les jurys criminels qui, avec l'aide imprévue de la loi même qui les organise, tombent à ces mêmes mains, dans la moitié de vos départements, vous devinez à quels risques. — Puis, les jurys d'expropriation, saisis pareillement et habilement maniés, avec cette même complicité des lois, et comblant partout les amis, distribuant aux adversaires, sous la forme d'indemnités congrues, d'utiles avis ou des pénalités comprises, servant même par occurrence à grossir, aux dépens de l'Etat ou des communes, les revenus pé-nibles des écoles ecclésiastiques ou les caisses électorales du parti, heureux, heureux à bon droit, il faut le dire, de s'enrichir de vos débours et de vous faire payer ses armes et ses milices, en trou-

vant par surcroit le plaisir sensible de bafouer
dans le secret ce qu'il appelle « les imbécillités républicaines ».

Est-ce qu'enfin vos bureaux de Ministères ne
sont pas remplis, à tous les étages, de créatures
de ce parti, chargées de renseigner, entraver,
aider, trahir secrètement tant qu'on peut, parce
qu'il faut durer pour trahir encore, à tout prix
quand il le faut, parce qu'en somme, on n'est là
qu'un outil fait au besoin pour l'usure et la casse;
le tout, sous la foi de compensations ou de récompenses pour lesquelles — on le sait et y compte —
s'ouvriront toujours, faussées, crochetées, endor-
mies, les larges mains, les mains clémentes, les
aveugles mains de la République?

Oh! cela, non! vous ne le savez pas.

Vous ne le savez pas du moins tout entier, parce
que vos préfets ne s'en soucient; parce qu'à vous
renseigner, il n'y a rien à gagner et qu'il y a parfois à perdre; parce que vos ministres, absorbés
dans les débats, les interpellations, les commis-
sions, les ordres du jour de confiance de cette

Chambre, n'ont pas le temps d'entendre et que les révélations, s'il s'en produisait, n'auraient d'autre effet que de tomber au passage dans les mains in-téressées, pour provoquer tout simplement soit des représailles, soit la suppression des manœuvres dévoilées et leur remplacement par des précautions plus savantes.

Mais je dis que là encore, vous en savez assez, est-ce vrai? que vous en savez trop pour qu'il n'é-clate pas à tous les yeux, pour toutes les clair-voyances, tous les soucis de l'indépendance de la pensée, tous les patriotismes, qu'il y a là un cou-rant extraordinaire de désordre, une somme d'inad-vertances, un travail de taupes, un détournement de pouvoirs, une contrariété d'action qui menacent votre état politique.

Or, en présence de cette situation, qu'avez-vous fait? — Rien !

Vous pouviez enrayer ce mouvement, mettre arrêt au flot des nominations périlleuses. Vous ne l'avez pas fait : vous ne cessez d'en couvrir votre sol administratif.

Vous pouviez à bon compte, vous deviez à bon droit instituer cette juste et naturelle opinion que pour réussir chez vous, il ne suffit pas d'avoir l'appui de vos ennemis. Vous ne l'avez pas fait.

Contre vos intérêts, contre l'intérêt public, contre le droit, le bon sens, vous avez laissé s'établir, se justifier, de toutes parts, l'opinion absolument contraire.

Consultez, si vous en avez le temps et l'envie, consultez vos fonctionnaires ! Certes, il en est qui sous la révolte de l'honneur, résistent, risquent, bravent. Mus par des considérations d'intérêt, de vanité, d'avenir, de famille, un plus grand nombre se rangent et succombent. Mais il n'y en a pas un, pas un, entendez-vous ? qui n'ait la conviction entière, absolue, profonde que pour entrer, avancer, arriver, obtenir sans mérite ou contre le mérite, échapper même par aventure, avec fruit et succès, aux suites de malversations et de fautes, il n'est rien, rien tel que l'appui de l'Eglise.

Des fraudes, des malversations, des trahisons, vous en avez surpris. Oui ! souvenez-vous !

11.

De ce côté, vous en avez surpris, la main sur
la trahison même.

Qu'est-ce que vous avez fait ? Vous n'avez rien
fait !

Indulgence, faiblesse, impuissance à résister
aux sollicitations, prévoyances malsaines et mé-
nagement des influences, détachement, indifférence, septicisme, formes malheureuses, formes ré-
pugnantes de la protection criminelle et de la complicité, sont les mobiles qu'on écoute et qui gou-
vernent.

Peuple qui ne sait pas punir est un peuple qui
ne saura pas vivre. Vous offrez partout l'image
d'une société qui ne sait plus punir.

Le pays, lui, ne sait pas. Les yeux plongés tous
les jours dans son mince labeur, dans sa lourde
et impérieuse tâche de tous les jours, il ne voit
pas. Il ne peut pas voir.

Ici, ailleurs, l'avez-vous éclairé ?

Avant d'être l'objet d'un vote, une question pareille doit être débattue plus d'une fois devant lui.
Où l'avez-vous abordée, exposée, plaidée ?

Quel jour lui avez vous montré la pente où il glisse, les manœuvres, les pièges, les mines sous ses pieds, traçant, traçant toujours, les déguisements, la domination étrangère, le mensonge, la révolte contre toutes les conquêtes, contre tous les biens de la société civile qu'il honore et adore, et, au bout, l'abîme ouvert, avec la rechute dans un passé d'ancien régime ? — Quel jour ? — Jamais ! jamais ! Vous n'avez rien fait.

Eh ! bien, je vous le dis, vos retards sont graves, votre somnolence au dernier point dangereuse.

Vos fonctionnaires vous échappent : Il n'est pas de gouvernement, fût-ce un gouvernement républicain qui puisse durer avec l'indifférence, avec l'hostilité des organes administratifs appelés à le servir.

On a parlé autrefois des périls d'un Etat dans l'Etat. Mais quoi ! encore était-ce un Etat français dans l'Etat français. Aujourd'hui, quelle situation bien autre ! C'est un Etat étranger dans l'Etat, un Etat ennemi, haineux, exalté, irréconciliablement hostile,dans l'Etat tolérant, confiant, bienveillant, indifférent. Dites, aujourdhui, n'est-ce pas cela même que l'Eglise dans l'Etat ? Or, vivrez-vous, pensez-vous donc vivre ayant dans l'Etat l'Eglise ?

Séduite par des prédications fort temporelles qui font luire,à ses yeux inquiets, la sauvegarde de la propriété dans l'autorité religieuse et promettent d'étouffer, parmi les déshérités de la vie, les convoitises troublantes des biens de ce monde sous le rassurant, sous le peu coûteux espoir des biens éternels, devant vos yeux votre bourgeoisie: femmes en presque totalité, hommes en nombre immense, votre bourgeoisie déserte à l'Eglise.

Votre monde commercial, autrefois la pépinière frondeuse du parti libéral, désormais soumis à la manœuvre avisée, concertée, persévérante de clientèles immenses qui,sans que vos amis sachent les imiter et les contre-battre, se promettent habilement, se donnent, se refusent et par là maîtrisent, votre monde commercial abandonne ceux qui se donnent sans rien exiger, pour ceux qui avant de se donner exigent qu'on vous abandonne.

Celui-là aussi, calculateur éternel et tout porté pour ceux qui calculent, celui-là aussi passe à l'autre camp, en riant derrière ses comptoirs de vos impartialités loyales et de l'impolitique gratuité de vos largesses.

Vos ouvriers, natures indépendantes, amoureux passionnés de vos institutions républicaines, leur joie, leur orgueil, leur espérance, on les lasse, on les travaille.

Est-ce que vous ne savez pas les surveillances organisées; oh ! non pas les promesses ou les menaces — la loi les punit. On s'en garde — mais les renvois, les « exécutions, » comme on dit, qui portent coup, s'avouent parce qu'il faut bien qu'elles avertissent, puis impunément se dérobent ?

Oh ! là, du côté de cette foule, pertes plus cruelles, exodes innocents, touchants parce qu'ils sont involontaires, parce qu'on ne les opère que la mort dans le cœur, avec le souhait, avec le serment de la vengeance !

Que voulez-vous ? Il faut vivre, et malgré tous les beaux discours de vos ministres ou secrétaires

d'état en voyage, non ! vous n'avez pas assuré à ces hommes la protection, le secret, la liberté, la sécurité de l'opinion et du vote. On ment
ou l'on se trompe et l'on trompe quand on dit que
nos lois les défendent.

Vous **avez** fait pour l'enseignement de votre
peuple des efforts superbes, des sacrifices immenses. C'est votre monument. Il est grand. Il est
glorieux pour votre parti et votre époque.

Mais quoi ! parce que votre instruction vous apparaît à bon droit comme incomparablement supé-
rieure, vous tenez-vous pour délibérément vain-
queurs de l'enseignement théocratique, avec ses
lacunes et ses idées fausses, ses vides, ses erreurs
voulues, ses insuffisances avérées?

Que croyez-vous donc que prise le père de famille ? l'instruction en soi ou les avantages, les situations, les emplois qui la suivent ?

Eh bien, sachez-le, tout est là ! Laissez, conti-
nuez de laisser les fruits aux mains de l'enseignement débile mais armé de crédit, de vigilance,
de fraudes d'examen impunies, de complicités de

vos fonctionnaires, d'esprit de suite, d'influence, je sais et je dis à qui malgré tout sera la victoire. Je sais et je dis où s'en iront, empressés et pressés, expliqués, justifiés, les choix des familles et comment l'enseignement théocratique, avec ses misères, se maintiendra, résistera, croîtra, en dépit et pour la confusion des supériorités d'études, des sacrifices immenses et des efforts superbes.

Enfin, parce que vous avez ici la majorité ; parce que dans vos élections législatives, pour le parti du régime théocratique la lutte est jusqu'ici difficile, parfois inabordable ; parce qu'il s'en rend compte, le reconnaît, faiblit, s'abstient, renonce, vous croyez que tout est fini, décidé, assuré, gagné ? Quelle erreur ! Peut-être bientôt quel mécompte !

Savez-vous ce que fait ce parti ? ce que fait l'Eglise ?

Dans sa lutte sans trêve et sans fin, ininterrompue et infatigable pour la conquête du pouvoir politique qu'elle veut à outrance, qu'il lui faut à tout prix, elle se reconnaît impuissante à résoudre le problème par en haut. Eh ! bien, elle l'aborde tout simplement et le poursuit ardemment par en bas : par les municipalités ; les municipalités, pouvoir le plus proche du peuple, source et gage de tous les autres, avec lesquelles on peut dire que quiconque en est maître est finalement le maître.

Déjà, nombre de municipalités vous échappent, les unes avec éclat, en faisant sonner le triomphe pour qu'on l'imite et le suive, les autres sans l'avouer, attendant le moment, mais acquises, mais prêtes, de telle sorte que pendant que dans les Chambres vous plaidez pour le gouvernement du pays, l'objet même du litige se dérobe et qu'ainsi que dans les fables, au milieu du débat, un autre le saisit et l'emporte.

Déjà n'avez-vous pas devant vous les leçons d'un pays voisin, frontière, ami et frère, image et continuation pour le sol et les lois, les mœurs et l'esprit, les difficultés et les aspirations politiques et sociales ?

De là — et vous l'avez lu — les mêmes gens n'ont-ils pas écrit aux vôtres : faites comme nous et comme nous vous vaincrez ? Eh ! bien, on fait comme eux, comme eux on commence à vaincre. La Belgique est un exemple. Comprendrez-vous, entendrez-vous l'exemple de la Belgique ?

Il est donc vrai et en finissant, je le redis encore :

Oui ! le monde marche. Oui ! le temps est maître et rien n'en remonte le cours. Oui ! les régimes théocratiques sont condamnés à disparaître sous son flot impassible. Mais ce flot a des remous momentanés et, tout imperceptibles qu'ils soient dans la durée, ils peuvent pourtant dépasser la nôtre.

Ephémères, souvenons-nous que le momentané est la vie d'un éphémère ! Un retour de régime théocratique peut durer vingt ans. Souvenons-nous que dans vingt ans, la moitié, bien plus de la moitié des hommes qui sont là, dans cette assemblée, non seulement auront quitté la vie politique, mais seront descendus dans la tombe !

Oui ! il est vrai que les régimes théocratiques ne perdraient rien pour avoir attendu.

Il ne l'est pas qu'il vous soit loisible d'attendre.

L'homme descendit. Dans l'assemblée, pas un mot, pas un bruit. Mais bien des fronts se penchaient anxieux, bien des regards cherchaient de loin ses yeux grands ouverts comme ceux d'un prophète en face de l'avenir, pendant qu'il regagnait sa place sur sa montagne.

A la tribune, qu'il laissait libre, un ministre monta. En deux ou trois phrases brèves et froides, sans allusion à la harangue encore retentissante, il fit appel à la raison politique.

Sans autre discussion, une fois de plus, on avait voté le budget des cultes.

*

A ce moment, il sembla au jeune homme endormi qu'une brusque secousse le remuait dans tout son être.

Ce mouvement venait-il du dehors, ou se produisait-il en lui-même ? N'était-il que la commotion de l'un de ces élans de colère, d'indignation ou de commisération pour les douleurs des misérables qui emportent et ravissent parfois l'âme humaine et qu'il connaissait bien ? Il n'eût pu le dire.

Toujours est-il que dans ce tremblement étrange, la salle, l'assemblée disparurent un instant comme au feu d'un éclair. Quand elles se remontrèrent à ses regards il n'eut pas à chercher des yeux la tribune. Frappée d'une lumière nouvelle et plus vive, elle était devant lui et un autre orateur l'occupait.

La vue de celui-là le fit tressaillir. Il le considéra longtemps avec avidité, avec tristese et, en même temps, lui remontaient à la pensée des vers do poète qu'il se récitait tout bas dans sa mémoire :

> Un orphelin vêtu de noir
> Qui me ressemblait comme un frère.

En l'écoutant, il sentit son cœur battre plus fort dans sa poitrine. Voix, accent, idées, sentiments, paroles, tout ce qu'il entendait était avec lui en un tel accord que, dans son trouble, il ne savait plus où étaient l'inspirateur et la source, le bruit ou l'écho.

Vous ne vous trompez pas, disait l'inconnu, heureux, oui, heureux sans nul doute, les temps où après avoir beaucoup souffert dans la somnolence abrutie de l'esclave, les peuples s'éveillent enfin au sentiment de leurs douleurs, à l'intelligence de leurs causes, aux fiertés qui les répudient, à la révolte qui les signale, les maudit, les combat, les repousse! Heureuses aussi, trois fois heureuses les assemblées qui, soustraites à l'obscure besogne des menus bienfaits, trouvent devant elles avec les grandes tâches, l'attente démesurée des hommes, la douceur d'y répondre, la gloire de la remplir.

Mais, en vérité, croyez-vous donc que parce qu'on ne voit pas, parce qu'on ne sait pas et souvent parce qu'on ne veut pas voir, croyez-vous donc que notre état social n'ait pas ses dénuements et ses privilèges, ses plaies semblables d'iniquités

et d'épreuves? Et parce que les populations inclair-
voyantes, trompées, aveuglées par l'accoutumance,
les divisions, le défaut de savoir, les prédications
intéressées et les fausses doctrines, ne vous ont
pas adressé l'analogue de ces Cahiers si singulièrement unanimes que 1788 et 1789 virent éclore,
imaginez-vous que nos amas d'abus, d'oppressions,
de rapines, de dénis de justice ne soient pas égaux
encore à ceux qu'ont vus, condamnés et anéantis
nos pères ?

Egaux à ceux de nos pères !

Sur ces mots, cent protestations ironiques ou
véhémentes, railleuses ou colères, s'élançaient de
toutes parts vers l'orateur, qui la tête levée, attentif et tranquille, les rejetait à mesure d'un mot
froid, incisif, d'une riposte nette, vive, rapide, parfois dure ou sanglante, sur laquelle on croyait les
voir rebondir autour de la tribune et jusqu'à leurs
auteurs :

— Vous oubliez l'égalité devant l'impôt. —

— L'égalité devant l'impôt ? Avec les impôts in-
directs, l'écrasant fardeau populaire ! Osez-vous

bien l'invoquer, la nommer? Permettez que je vous en défie!

— Même justice pour tous!

— Vraiment! vous réservez le même accueil dans vos parquets, à la blouse usée et à l'équipage, au misérable et au millionnaire? Au violon, combien mettez-vous de banquiers et de notaires?

— On ne vend plus les charges de judicature!

— Nos pères avaient supprimé, vous avez rétabli, maintenu la vénalité des offices.

— Est-ce que tous les citoyens ne sont pas admissibles à toutes les dignités, à tous les emplois?

— Les emplois? Oui! à part l'instruction, les écoles d'Etat, les surnumérariats, les relations, les influences — Vous dites les honneurs? — Parlons du plus humble! Combien donnez-vous par an de décorations aux maçons qui, après soixante ans de travail et de probité, ont donné à leurs concitoyens trente maisons bâties de leurs mains, sans en avoir une, à la patrie quatre soldats sans avoir rien à défendre? — Combien en refusez-vous à ceux qui, suivant le mot fameux du personnage, n'ont jamais rien donné que « le bon exemple de la fortune » ?

— Au moins n'avons-nous plus les privilèges de naissance.

— En êtes-vous bien sûrs? N'est-ce plus de par vos lois, qu'il y a parmi nous, à cette heure, des hommes qui, fils de leur mère, ne sont pas les petits fils de leur grand père, qui fils de la même mère ne sont pas les frères de leur frère?

— Vous rappelez-vous le mot de la Noblesse : Est-il né? Il n'est pas né! — Ces reniés de l'état civil ne les appelez-vous pas des illégitimes? — Or, vous qui vous révoltez au souvenir du pays légal en regard du pays illégal, dites-nous donc ce que c'est qu'un homme illégitime!

— On ne fait pas les lois pour des exceptions.

— Des exceptions? Ah ! vraiment, vous comptez mal. Savez-vous ce que sont ces hommes ? Trois millions ! Le double de ces protestants qui vous ont imposé par la force autrefois des places de sûreté, aujourd'hui des lois d'égalité, de liberté, de sauvegarde.

— En vérité, pour un peu vous nous reprocheriez le droit du seigneur.

— Et pourquoi pas? N'était-ce pas les lois de l'ancienne monarchie qui permettaient la recherche de la paternité? N'est-ce donc plus les vôtres qui l'interdisent?

— Il a bien fallu protéger la paix des familles.

— Lesquelles? Celles des filles séduites ou les vôtres? — Par bonheur, car vous ignorez et il faut bien vous dire ces justes contrecoups de la mécanique sociale, infaillible comme l'autre, vos fautes, vos cruautés, vos dédains marchent suivis de leur peine. Rien qu'à vos côtés, cent mille déshonorées, armée nouvelle d'anges exterminateurs, vous ruinent et vous déshonorent. C'est ici que la mendiante a dit son mot vengeur : Dieu préserve vos fils de rencontrer mes filles !

Vous dites que vous avez maintenu, protégé, étendu, que vous étendez tous les jours la liberté du travail; que notre état social repose désormais

sous ce rapport aux antipodes des maîtrises et des
jurandes ; que le moment est mal choisi pour con-
tester à ce temps sa valeur et son œuvre, au lendemain de vos projets de loi sur les accidents de
travail.

Soit ! il y a là en effet une part de vérité. Mais
à côté, que d'illusions et de résultats contraires !
Que d'erreurs ! Que d'ombres que rien ne pénètre !
Comme il éclate à tout moment que par delà le
peu qu'on a fait et dont on se réclame, tout, presque tout est encore à faire !

Oui ! il est vrai, rien que l'annonce lointaine de
la loi sur les accidents de travail, en éclairant les
ouvriers sur leurs droits, sur la moralité, disons
mieux : sur l'iniquité de l'état des choses, a provoqué un mouvement utile de poursuites et de réparations. Oui ! la menace seule du redressement
des responsabilités a déterminé brusquement, dans
les ateliers, une diminution sensible des accidents
de travail, apportant ainsi la preuve nette et haute
et passablement abominable, il faut le dire, que,
pour une part notable, les blessures des ouvriers,

leurs mutilations, parfois leur mort ne tenaient qu'à des économies de dépenses de la part des chefs d'industrie, et que la vie des travailleurs est bien, comme les machines mêmes de l'usine, dans la main et partant à la charge du commandeur du travail.

Mais la loi ! Savez-vous ce qu'a fait la future loi ?

Elle a simplement jeté, entre l'action du travailleur et la responsabilité de l'entrepreneur d'industrie, un intermédiaire retors et osé, étranger à l'atelier, lointain, anonyme, destiné à détourner cette action, à l'arrêter, l'intimider, la tromper, l'amortir : intermédiaire justement pourvu du nom d'assurance puisqu'il assure en effet, oh ! non pas l'ouvrier désarmé, leurré, lassé, spolié, mais le commandeur du travail contre des revendications de limite inconnue, troublantes, onéreuses, importunes, et ce au grand profit en même temps de l'honnête courtier qui sait débarrasser des pertes sans les subir, et du poids de l'opinion sans le connaître.

Quant à la liberté du travail, ah! c'est, à coup sûr, une conquête sans prix dans le domaine du droit. Que vaut-elle pourtant dans la pratique?

Oui! le travail est libre, mais si l'on ne peut y être maître qu'à la condition de posséder ce qu'on n'a pas, mais si le travail est impossible sans capital et si le capital est cher, résiste, se concentre, se loue à perpétuité sans se vendre ou ne se vend qu'à des prix de spoliation et de ruine, que penser, que dire de l'anéantissement des vieilles entraves? Que penser, que dire de la liberté du travail, fantôme lumineux, souriant, je le veux, resplendissant lans son sourire, mais après tout insaisissable?

Et tenez! Voulez-vous avoir l'aperception précise, éclatante, qu'autour de nous tout est piège encore, mirage, déception, péril; qu'à part les progrès énormes des sciences et leurs contre-coups bienfaisants sur l'accroissement de la production industrielle, ce qui a changé dans nos conditions sociales, ce sont les dénominations, les applications, les moyens, les apparences, plus, bien plus

encore que le fond des choses, immuable ou incessamment reconstitué dans ses iniquités par l'astuce des habiles ?

Eh ! bien, prenez cette simple question de « l'intérêt » que précisément votre ordre du jour appelle
à cette heure, dont tous vous acceptez, vous proclamez le principe pour ne vous séparer que sur
des différences de régime ; que tous d'ailleurs, un
jour ou l'autre, lointain ou prochain, après l'avoir
déclaré libre dans un ordre de faits, vous déclare-
rez à coup sûr libre dans tous les ordres de faits et
sous toutes les formes !

Eh ! bien, là, dans cette question toute simple
en apparence, d'aspect si effacé, si paisible, si
insignifiant même, gît, sachez-le, l'une des grosses
iniquités, parlons plus vrai : la plus grosse, la
plus féconde en multiples contre-coups, en dommages mortels, des erreurs de notre époque; car,
à votre insu, je le crois, au déni universel des intéressés, qui l'ignore? sous la complicité, l'inat-
tention ou l'aveuglement de vos sciences, et je les
en accuse, ce n'est rien moins que la résurrection,

la perpétuation, pour mieux dire, sous des voiles grossiers mais suffisants puisqu'ils trompent, d'un phénomène social abhorré, dont vous avez chanté, fêté la disparition prétendue comme un bienfait et comme une gloire, à savoir l'institution du servage.

Oui ! c'est le servage. Oui ! parmi nous, sur le sol de France, il y a encore des serfs. Oui ! de par l'intérêt, nos classes vouées au travail sont, non pas sans le sentir, mais sans le voir, sans savoir le voir, non pas par métaphore, non pas par une figure déclamatoire de tribun ou de politique, mais au sens le plus précis, placées sous le régime du servage.

Et en effet, consultez donc vos publicistes, vos légistes, tous jusqu'à ceux que par delà même les lois civiles, vous élevez sur ce pavois prestigieux de régulateurs de votre droit des gens ! Écoutez, l'un après l'autre, tous les siècles, tous les peuples ! Interrogez leurs monuments, leurs arts, leur histoire ! Partout, on vous redira d'un témoignage spontané, ferme, unanime que le régime où l'un donne à l'autre son travail gratuitement, sans entier retour, sous l'empire de la force matérielle ou de la ruse légale, c'est le servage.

On vous redira que le pays où par force ou ruse, le voyant ou sans le voir, au grand jour ou par des voies occultes, l'un donne gratuitement son travail est pays de servage.

On vous redira que celui-là qui sans travail, vit sur le travail d'autrui est maître de serfs ; que celui-là enfin qui, par force ou ruse, abandonne à un autre gratuitement, dans un état social, une part de son travail, de l'emploi de sa vie, quelles que soient les dénégations et les protestations, les formes qu'on y met, les hommages, les chartes, les harangues, celui-là est serf. — C'est le *criterium* et il est infaillible, et il n'y en a pas d'autre.

Or, ce *criterium*, voulez-vous l'appliquer à la France ? Cette lumière décisive, voulez-vous l'appeler à pénétrer et juger notre état social? Où trouver hélas? un motif, une ombre d'hésitation, de doute, de réconfort, de quiétude ?

Laissons la science, ses recours, ses appels! Un fait suffit. Un mot décide.

Est-il vrai qu'on ne peut vivre et ne vit que de produits du travail ? Est-il vrai qu'autour de vous, des milliers, des millions d'hommes vivent sans avoir de leur vie fait œuvre de travail et que partant, ils n'ont pu vivre et n'ont en effet vécu que du travail de ceux qui travaillent ?

Eh! bien, arrière les ruses, les équivoques inté ressées, la horde stipendiée des sophismes! Tout est dit :

En France, on vit sans travail du travail d'autrui. Donc, on est maître de serfs en France.

En France, sans aucun retour du travail d'autrui, on fait vivre autrui de son travail. Donc on est serf, serf de France.

Oh! sans doute ces servages sont masqués, ramifiés à l'infini, insaisissables, inaperçus, invisibles. En sont-ils moins réels, ici profitables, là pénibles, lourds, écrasants, partout iniques ?

A celui-là on ne prend qu'un quart, un cinquième, **un dixième** de son travail. Soit! il n'est

serf que pour un quart, un cinquième, un dixième,
mais il est serf. Le serf des plus cruels des âges
ne livrait, lui aussi, qu'une part de ses journées
de travail.

Quant au maître de serfs, qu'importe pour lui
ces dissimulations, ces divisions, ces détours qui
se perdront si l'on veut jusque dans l'impercep-
tible ! Est-ce que sa vie oisive, luxueuse, heureuse,
n'est pas entretenue au même titre et dans la
même mesure ? Est-ce que, pour lui, deux moitiés
de serf ne constituent pas un serf entier à son
service ?

Non ! non ! n'équivoquons pas ! ne dissimulons
pas ! Quiconque, dans notre France, reçoit annuellement sans travail livré en retour, et d'où qu'elle
vienne, la somme additionnée du travail moyen
de cent, cinq cents, mille de nos travailleurs, a effectivement sous la main, cent, cinq cents, mille
serfs soumis pour lui à la plus réelle servitude.
Nettement, réellement, il prélève, sur le total de
la vie dans son peuple, la vie de travail de cent,

cinq cents, de mille travailleurs retenus pour lui sous le régime du servage.

Et comment donc, en vérité, tout cela a-t-il pu se faire ? Comment ont donc pu se produire des résultats si étranges, si inconnus, si sûrs, s'ils étaient connus, d'être l'objet d'une réprobation universelle, y compris même le désaveu menteur des intéressés, obligés par l'opinion de faire mine au moins de s'y joindre ?

Par quel mystère ces monstruosités d'état social qu'on croyait anéanties, qu'on jurait dans un autre temps d'avoir pour jamais anéanties, se sont-elles au milieu de l'inclairvoyance, de l'indifférence, de la quiétude publique, prolongées ainsi dans le nôtre ?

Comment ? — Eh ! bien par « l'intérêt » : l'intérêt sous toutes ses formes d'intérêt proprement dit, de crédit, de loyer, de fermage.

Par quel moyen ? Parce qu'une classe limitée de la population a concentré dans ses mains la propriété exclusive de la terre et de tout ce qui tient à la terre, de tout ce qui peut alimenter la

vie comme de tout ce qui peut permettre le travail, et qu'alors elle s'est retournée vers les autres
en leur disant, avec l'appui des lois qu'elle avait
fait faire :

Vous voulez vivre? Mais on ne vit que des produits de la terre, et je détiens toute la terre. Soit !
vivez; mais vous me paierez un intérêt sur tout ce
que je vous concéderai des produits qui alimentent
la vie.

Vous voulez travailler pour vivre? Mais on ne
peut travailler qu'en portant son travail sur la
terre ou quelque objet tenant à la terre, et je détiens tout ce qui peut servir au travail, tout ce qui
permet le travail. Soit ! travaillez ! Je vous admets
au travail. Mais alors, sans travailler jamais, toujours j'entrerai en partage, à titre d'intérêt, dans
les produits de votre travail.

Est-ce dit? oui ! car l'inéluctable nécessité presse,
maîtrise, commande, destin sans pitié des temps
nouveaux. — C'est dit, car c'est la mort ou la vie.

Et c'est ainsi que l'intérêt s'est établi, a grandi,
règne, domine ; ainsi qu'avec lui, en lui, par lui,

fonctionne paisiblement, légalement, sans reproche et sans peur, l'asservissement moderne des hommes.

C'est ainsi que prêter, louer, créditer n'est pas travailler ; que location, crédit, affermage ne sont pas du travail ; mais c'est ainsi qu'ils **sont** assimilés au travail, rémunérés comme du travail et, sans entrer jamais en partage dans les tâches du travail, entrent constamment en partage dans les produits du travail.

C'est ainsi qu'en regard du travail qui tout respectable, tout fécond, tout bénissable qu'il soit, n'a jamais pour effet et pour récompense que des produits comme lui périssables, comme lui éphémères, le loyer, l'affermage, le crédit, l'intérêt enfin, qui ne sont en rien du travail, seuls, dans un monde où rien ne dure toujours, se trouvent, sauf les accidents contingents, exceptionnels, extérieurs à sa loi, en possession de la durée éternelle.

C'est ainsi que de par l'intérêt, se perpétue la vie oisive avec ses injustices, ses abaissements, ses dommages ; ainsi que sans travail et par l'intérêt

seul, les biens vont se doublant sans cesse, par
périodes rapidement échelonnées, dans les mains
où il fonctionne ; ainsi que de par l'intérêt, la propriété tend à se concentrer sans limites là où l'intérêt,qui n'est plus elle, vaut, compte, agit comme
elle et pour elle.

C'est ainsi enfin que, de par l'intérêt, se main-
tient et se renouvelle à toute heure cette transac-
tion étrange où l'un paie toujours le prix de la propriété sans jamais devenir propriétaire, où l'autre
reçoit constamment sans se déssaisir jamais, où
l'intérêt servi, le loyer servi, le fermage servi de-
meurent sans fin aux prises, et vainement aux
prises, avec la possession en soi immuable, avec
la propriété éternelle.

Quand donc on nous dira que dans notre temps,
par rapport au temps des ancêtres, il reste peu à
faire ; que l'aiguillon et la gloire des grandes tâches manquent à leurs fils et que c'est là l'explication et l'excuse de la tiédeur de leur élan et de la
pauvreté de leur œuvre, souvenons-nous que dans
nos âges nouveaux, ce qui est en jeu dans les

questions sociales c'est la vie des hommes, encore la vie. toujours la vie ; que prendre sur autrui gratuitement, sans un retour, n'importe où, n'importe par quels moyens, sous quelle forme, du travail, des produits de travail, c'est au fond et toujours réduire la vie, écourter, frapper, ôter la vie !

Point de spoliation de choses qui ne soit une atteinte à la personne humaine ! — Scientifiquement, réellement, le vol social est un assassinat !

Souvenons-nous, enfin, que nous avons encore devant nous, déguisée, inaperçue mais vivante, l'institution la plus abhorrée de nos pères ; qu'avec l'intérêt sous toutes ses formes de crédit, fermage, loyer, intérêt proprement dit, subsiste encore parmi nous, digne des mêmes luttes, appelant les mêmes luttes, un équivalent de ce qui s'est appelé dans leur langue, sous leurs malédictions et leurs coups : des mainmortes, un succédané du servage!

L'orateur inconnu porta la main à son front, descendit lentement les degrés de la tribune et sortit de la salle, sans regarder derrière lui, au milieu du silence.

Sur ses bancs, l'Assemblée restait immobile, elle ne paraissait pas l'avoir ni vu ni entendu.

Il était tard, la chaleur était étouffante et les lumières semblaient pâlir. Personne ne parlait plus, ne demandait plus la parole.

Partout pesait comme une lourde atmosphère de fatigue.

Au-dessus de la tribune, au fond du siège présidentiel, une ombre qui s'était haussée à demi murmura quelques paroles qu'on entendit à peine.

La séance était levée.

*

*   *

Aussitôt la sortie commença, au milieu d'un bruit assourdi de conversations engagées, quittées, reprises sur tous les points et sur tous les tons.

Aux escaliers des tribunes, deux hommes d'allure semi-parisienne et semi-provinciale, descendaient côte à côte. Ah ! disait l'un : quel brouhaha tout à l'heure ! On eût dit d'une halle. — Vrai, répliquait l'autre d'un air pincé, en serrant contre lui une serviette élégante et rebondie, je crois que j'aime encore mieux la bourse. —

Deux jeunes femmes suivaient, brillantes et alertes que la salle avait beaucoup lorgnées pendant la séance et qui, en passant leur porte, rajustaient d'un geste brusque quelques détails de leur toilette :

— Ah ! ma chère, qu'ils sont laids pour nos représentants !

— Et quand on pense qu'il y en a la moitié de chauves !

En face, sept à huit spectateurs quittaient leurs places avec lenteur, deux par deux, en se parlant confidemment à l'oreille :

— J'aurai décidément le bureau de tabac. Il mel'a promis — et c'est l'année des élections !

— Quel dommage ! Je croyais bien qu'on voterait aujourd'hui notre chemin de fer de Mareuil à Barse — Qu'importe ! c'est sûr. Ils le savent : point d'argent, point de suisses. — J'ai encore pris cinquante actions ce matin. — Et moi, vous savez, j'ai acheté la pièce de Sevré. Entre nous, j'ai vu le plan : on y passe.

Deux campagnards fermaient la marche, larges, cossus, faces superbes de reîtres à remiser prudemment un jour d'enquête sur les souffrances de l'agriculture, mais physionomies malgré tout impérieuses et fines où la franche rondeur, l'astuce et l'égoïsme, se disputaient la place :

— Pas moins que j'ai encore neuf ans de bail ! — Moi douze ! — Et bien, fais le compte ! Rien qu'avec les droits actuels, sans plus, ah ! comme nous marierons nos filles !

Dans les vestibules par où s'écoulait le flot de l'assemblée elle-même, autres propos qui défilaient avec lui et qu'on saisissait au passage :

— Laissez donc ! Le ministère du 6 avril n'en a pas pour un mois. Vous serez de la combinaison prochaine.—Eloignez de moi ce calice! Si j'y souscris, ce ne sera que pour le pays et pour mon groupe.

— Le sucre en a encore pour deux campagnes ! C'est la vie éternelle.

— Vous rêvez, mon ami. On vit dans la vie, non dans l'histoire.

— Venez-vous? Nous avons encore le temps de tailler un bac aux Jacobins. — Non! Danaé m'appelle. C'est son jour... mon soir.

— Versailles était trop près, voyez-vous. Il fallait Bourges. — Eh! grands dieux! que vous a donc fait ce pauvre cœur de la France?

Dans la rue, personne. A la porte, des sentinelles l'arme au pied, quelques agents de police, un concierge maussade qui s'apprêtait à fermer sa grille.

A distance, des passants inattentifs arrivaient tranquillement en causant de leurs affaires.

Une troupe en gaieté revenait visiblement d'une soirée de café-concert : ah! ce Garguille, y disait-on en applaudissant encore, a-t-il chanté ce soir! Vraiment, il est extraordinaire. Et dire qu'un talent pareil trouve encore le temps d'être un homme politique!

A l'angle des dernières colonnes, deux hommes d'apparence distinguée, vêtus avec élégance, s'ar-

rêtaient un moment en levant les yeux vers le
fronton de l'édifice : — Vous rappelez-vous cet
immense velum noir qu'on avait jeté là pour les
obsèques de votre Gambetta? — Oui ! c'était extrêmement décoratif.

Quelques moments après, débouchait assez
bruyamment de la cour sur la voie publique un
groupe jeune, animé, nombreux qui venait de fi-
gurer avec honneur dans la tribune cérémonieu-
sement cajolée de la presse, et les interpellations,
les rires, les lazzis, les reparties y volaient de
toutes parts.

— Au repos, enfin, pour dix heures, le sacer-
doce ! — L'opinion ! l'opinion ! mais c'est nous qui
la faisons et nous savons ce qu'elle vaut, pour
l'avoir faite.

— Le plus sûr est de tabler sur la sottise humaine — On ne peut compter que sur elle. — Quel
heureux rebours du tonneau des Danaïdes où l'on
peut puiser toujours sans le tarir jamais !

— Par ma foi ! une séance de nuit. C'était bien
la peine !

— Ingrat ! et les cent francs de copie ? — La copie, c'est la force, l'influence, le pouvoir, l'honneur — Le bon or de France — Allons donc ! Vive Sieyès ! l'or sans phrase !

— Quelles litanies que ses litanies ! — La cotelette du matin, — Le balcon du soir — Le ruban à vingt ans — La rosette à trente — Mieux, cent fois mieux ! — Eh ! quoi donc ? — Un costume d'été pour Tabarine ! — Et Longchamp dimanche pour Termite !

Un dernier disait en se récriant : — ce sont là d'abominables calomnies. — Mais, mon cher, que vous êtes donc jeune ! C'est la politique, cela.

Attardés sans doute dans les couloirs de la Chambre, deux députés encore sortaient après tous les autres.

Mais non ! disait l'un à son compagnon dont les gestes et l'accent témoignaient de quelque tristesse inquiète : — Tout ira bien. Ne sommes-nous pas dans l'année du centenaire de 1789 ? Ce n'est pas pour rien qu'a parlé César. Nous aussi, dans trois mois, nous pourrons dire : nos grands morts nous sauvent !

*

*   *

Une rougeur légère envahit le front penché du jeune homme, et quelques gouttes de sueur vinrent glisser sur ses tempes que gonflait la fièvre. En même temps une expression de dégoût se dessinait sur ses lèvres d'ascète. Sa main, qui était restée étendue devant lui, se rouvrit doucement, comme pour cesser une étreinte dont le terme était venu.

Tout au fond de la nuit, deux heures sonnaient à une horloge lointaine. Ce fut pour lui l'heure du réveil.

Un long soupir souleva sa poitrine et il embrassa d'un regard triste sa lampe épuisée qui ne projetait plus qu'un cercle étroit de clarté sur la table de travail, les livres ouverts, les notes éparses, le rideau que les premiers souffles frais du matin faisaient battre comme une voile qui s'apprête au départ, les murs indistincts et sur lesquels rien ne se détachait plus, perdus qu'ils étaient dans leur ombre.

Deux heures ! disait-il tout bas. Quelle rapidité! Quel prestige! En quelques instants de la durée, quel déroulement sans mesure !

Pensée humaine ! rien ne te vaut, rien ne t'approche! En regard de toi, le monde de la vie n'est qu'un char pesant qui compte ses pas aux cailloux des chemins, ses progrès à ses ornières et se traîne avec peine et lenteur sous le fouet de l'impuissance et de l'impatience. Le temps des hommes n'est qu'un flot somnolent, condamné à rouler sa fange au-dessous de tes ailes.

Le monde réel s'enorgueillit, disant que tu n'es que son image. Mais non ! c'est toi qui est la vraie vie, le mouvement, la chaleur, la lumière, la force. Si les hommes te connaissaient bien, savaient jouir de toi, te posséder et t'entendre, peut-être suffirais-tu à leur bonheur. Tu es la fée bienfaisante qui charme et amuse, la source vive et l'air salubre. C'est toi qui élèves et apaises, enseignes, émerveilles et consoles.

Mais quel spectacle que celui qui vient de passer sous mes yeux!

Merci à toi, à toi amie d'outre-tombe, protectrice invisible, guide constant, gardien fidèle, qui ne dors jamais et ne quittes pas d'un moment! Tu l'avais bien dit autrefois : demain, dans vingt-ans, toujours, où que tu sois jamais, souviens-toi qu'un esprit pur t'accompagne! Dans cette vision de Dante, la main dans la main, tu m'as conduit. Tu as rappelé des êtres morts du fond des tombeaux violés, inconnus, perdus sans une trace. Tu m'as donné de voir ce que n'a vu, ce que ne verra aucun homme de cet âge.

Grâce à toi, j'ai contemplé, j'ai entendu de tout près, à quelques pas devant moi, ces figures grandioses, ouvriers de la première heure, qui ne se bornaient pas à la gloire de découvrir et de révéler au genre humain des continents inconnus, mais qui ont formé de toutes pièces, de leurs mains puissantes, le monde nouveau qu'ils apportaient aux hommes ; qui ont été de leur temps toute l'histoire ; qui, bien que disparus depuis cent années, restent ses collaborateurs dans le nôtre et dont on peut dire, comme des créations du poète, que leurs âmes ont encore une vie plus forte que les vivants d'aujourd'hui.

Je les ai vus passer, parler, débattre, s'exalter, applaudir. Je les ai vus, en mettant à tous sur leur visage leurs noms marqués du sceau de la gloire et demeurés dans toutes les mémoires et sur toutes les lèvres.

A leurs côtés, j'ai touché du doigt, j'ai rencontré face à face, mes yeux dans leurs yeux éclatants, ces deux femmes que je souhaitais tant de voir et d'entendre : l'écrivain de génie qu'allait inspirer l'événement immense qu'elle appelait déjà la Révolution française, et qui devait plus tard mériter et subir l'exil d'un despote ; puis l'autre, la plus belle, la plus touchante, qui presque au lendemain, par un crime de la liberté, son culte, allait porter sur l'échafaud sa jeune tête enthou-

siaste sans une peur, sans un reproche et en la pro-
clamant encore.

Autour d'eux tous, j'ai vu ce peuple d'alors qui
leur ressemblait corps et âme et leur faisait cortège.

J'ai vu enfin les hommes de nos jours, troupe
anonyme et pâle, où la gloire n'a pas pu toucher
un front, où l'histoire chercherait vainement un
nom à creuser fût-ce au bas d'une ébauche.

Quel contraste entre ces deux époques ! Quelle
distance de ces hommes à nous et aux nôtres !

Là-bas, le désintéressement absolu, l'absence
même de la pensée d'un lucre, le soupçon impossible ; le dévouement et le dévouement sans bornes ; la foi ardente au pouvoir des idées, au
progrès, au droit, à la liberté, à la justice, à l'égalité, à la fraternité d'entre les hommes ; tous les
grands souffles, tous les beaux rêves de l'âme
humaine ; l'acceptation résolue, à titre de mission
toute temporaire, d'une tâche qu'on savait périlleuse, où il pouvait en effet y aller de la vie, où
dès lors, on apportait sa vie sciemment, simple-

ment, sans ostentation, mais sans hésitation, ni trouble, ni faiblesse ; le sentiment exalté de la dignité humaine, la passion du bien public, de la gloire, de l'indépendance, du relèvement et du bonheur de ses semblables.

Alors, la fusion des opinions naissait d'elle-même de l'unanimité des âmes, sous le feu d'un patriotisme qui n'admettait pas plus de résistances qu'il ne connaissait de limites.

Partout, dans les débats, une sorte de séduction jusque dans les jours des fautes, de majesté même prenant sa source dans la hauteur des inspirations obéies.

Ici, appareil extérieur savamment, luxueusement réglé, précédents établis, ordonnance merveilleuse ; mais il semble que le drame a baissé du même pas que s'est perfectionnée la mise en scène.

Au lieu d'être accepté, subi peut-être pour un temps expressément limité, pour une période de travaux ou de circonstances et avec la pensée même d'en répudier le renouvellement ultérieur, le titre parlementaire se recherche, se sollicite, s'ambitionne. Que de changements profonds, graves, pernicieux, redoutables!

On ambitionne, donc on brigue. On brigue ; donc on promet. On promet, donc on dépend. On donne, donc on échange. C'est forcément le marché, la vente contrainte, entraînée au prix même de la probité vaincue.

Ce n'est pas tout : dès qu'il est dit qu'on ambitionne, il est clair que ce qu'on ambitionne doit valoir. Il faut donc que le titre vaille.

Qu'est-ce à dire? Que le calcul, l'intérêt pénètrent.

On s'unissait dans les grands mobiles? Les grands mobiles s'effacent, disparaissent, s'anéantissent. Les intérêts séparent? Ce sont eux qui prédominent. Quels dangers dans un temps envahi par la poursuite sans frein des jouissances, par l'indifférence, par le sceptisisme ne s'arrêtant devant rien, frappant tout sans réserve, par le besoin et le culte méprisable de la fortune !

Ce n'est pas tout encore. Les intérêts ont divisé? Ils ont accoutumé à ne voir, ne penser, ne vouloir que soi, par soi, pour soi? Par eux et pour eux, tout homme est devenu un centre isolé, exclusif, impénétrable, infrangible. Serves des intérêts, les opinions suivent. De là, — conjointement avec les imprudences inouïes de l'éducation — cet émiettement des esprits qui frappe si vivement à notre époque, ces dissentiments à l'infini, cette impuissance à se grouper, à se concentrer dans un parti, sur un point de doctrine : La division partout, l'union nulle part; l'une inévitable, l'autre impossible!

Enfin, conséquence la plus grave de toutes peut-être, au lieu d'être une simple mission momentanément confiée au plus en état de la remplir, la tâche parlementaire qui valait est devenue une destination, un emploi, un placement permanent de l'activité des hommes? De là cette nouveauté dont on s'étonne, se dégoûte, s'alarme que dans sa généralité, la vie politique revêt, au prix d'une chute profonde, un caractère professionnel.

Et alors, d'une part, les sources s'abaissent et le

niveau décroit. D'autre part, au libre choix électoral
se substituent, pour le vaincre, l'annuler, le para-
lyser, l'anéantir, des organisations toutes matérielles mais irrésistibles, des procédés techniques
aussi précis, aussi sûrs que des manœuvres d'atelier, de guerre ou de chasse.

Avec quatre cent mille francs, des journaux, le
personnel attitré, organisé, abreuvé, guidé, payé,
il n'y a pas un collège qui n'appartienne, contre
le plus digne, à l'ambitieux, au vaniteux vulgaire
en possession d'une notoriété quelconque, fût-ce
commerciale ou industrielle.

Mais, quand les procédés oratoires gagnent
toutes les causes, l'éloquence disparaît, avec la
protection du droit. La place est aux surprises et
aux sophismes. Quand paraît la versification savante mais artificielle des temps de décadence, la
poésie est morte. Du jour aussi où une ère semblable d'habiletés et d'habitudes s'est ouverte pour
le monde des affaires politiques, la compétence a
déchu, les caractères encore davantage. On a remplacé la valeur par la médiocrité, l'âme par l'es-

prit, le dévouement par l'adresse, l'enthousiasme par le savoir-faire, la probité par l'arithmétique, le croisé par le mercenaire. Au politique succède le politicien.

Est-ce à dire que le reproche frappe personnellement sur ces hommes ; que le pays puisse s'en prendre à eux de leurs divisions dont il pâtit, de leur insuffisance qui le choque, de leur entêtement d'orgueil dans l'impuissance qui le révolte et qu'il condamne ?

Oh ! non. Le reproche serait sans raison, sans droit. Sans droit, non pas seulement parce que c'est lui, lui seul qui les a choisis et nommés, mais cent fois plus encore parce qu'ils sont bien les fils de ses entrailles, ses représentants exacts, son image fidèle ; parce que ces dissentiments, ces fractionnements intraitables des opinions individuelles, cette autorité exclusive des intérêts, dont on se plaint et s'effraie, sont ses torts en même temps et autant que les leurs ; qu'en puisant aux mêmes sources, on peut le défier hautement de trouver dans son sein une autre et dissemblable assemblée et, quand il aurait cent fois frappé du pied le sol, d'en faire sortir d'autres éléments parlementaires, ravis aux misères actuelles, rehaussés aux grandeurs d'autrefois.

C'est le sein qui est sans vertu, le temps sans valeur, le sol desséché et stérile.

Mais pourquoi ces discrédits sur nous, ceshumiliations, ces malheurs, ces ruines?

Pourquoi? Hélas! la cause est le Briarée aux cent bras, l'Hydre aux cent têtes. Le problème est le problème éternel aux milliers d'inconnues, insoluble, inabordable, impossible à embrasser pour l'intelligence humaine, inénonçable même pour les langues humaines.

Pourquoi le destin qui ne regarde pas, ne s'arrête pas, ne répond pas, promène-t-il à son gré, à son heure, les hasards de l'abondance ou de la détresse sur les races végétales, au milieu des moissons des hommes?

Pourquoi, par quel mystère l'infirmité, la maladie, les souffrances, la mort, ont-elles choisi cette maison plutôt qu'une autre? Pourquoi la dé-

cadence et la mort viennent-elles frapper de préférence à la porte d'un peuple?

Grands dieux ! Serait-ce donc la mort ?

La mort ? entendons-nous! Si, au moral comme
au physique, l'homme vit sous toutes les latitudes ;
si une société humaine peut subsister un temps
et parfois longtemps dans la violence et l'iniquité,
la corruption et la mollesse ; si de grandes masses
de populations ont vécu en effet sous les horreurs
et les tyrannies du régime féodal, les désordres et
les infamies de l'empire romain, les démences et
les hontes du bas-empire, il semble bien pourtant
qu'une nation ne peut se promettre une véritable
durée sans un certain nombre de notions droites
et de sentiments simples, qui sont les éléments
mêmes des formations civiles et les conditions de
la vie nationale.

Les liens particuliers d'affection pour le conci-
toyen et le compatriote ; le sentiment ou la passion
du bien public ; l'abnégation, le respect des droits
privés et la pitié active pour les misérables ;
l'union dans des idées et des aspirations de même

ordre ou pareilles; l'adhésion formelle et cordiale ou le recours spontané au dévouement, à l'esprit de sacrifice pour l'intérêt commun, l'existence ou l'indépendance commune; puis, dans des jours plus rares, ces élans, ces transports qui exaltent et entraînent les hommes, les multitudes, souvent tout un peuple dans d'immenses courants de résolution, de générosité, de patriotisme, sont-ils donc autre chose que le témoignage extérieur, la manifestation humble et normale ou éclatante, de l'action vitale? Sont-ils autre chose, pour mieux dire, que la vie même qui se laisse saisir sous ses formes diverses de cohésion et d'énergie, de mouvement et de chaleur, de conscience, de forces vives déployées?

Par contre, qu'est-ce donc que l'égoïsme universel, sinon une désagrégation qui s'accuse; l'insensibilité, sinon une atrophie; l'improbité, sinon une lutte intestine et malsaine entre les parties d'un même être; la lutte intestine, sinon l'annonce d'une régression fatale vers la vie élémentaire?

Qu'est-ce que l'impuissance à se rejoindre, se serrer, se confondre dans la pensée, le sentiment, les croyances, l'affaiblissement ou la perte de la conscience des devoirs réciproques, de la solidarité, de l'unité, de la grande résultante de l'existence commune, la résistance même, la révolte, le dédain, la raillerie contre elle, sinon le signe et non pas seulement le signe, mais la cause qui se montre, apparaît agissante et menaçante de la décomposition du corps social ?

Par bonheur, ces corruptions, ces faiblesses, fléaux odieux des peuples, n'envahissent pas toujours la totalité des sociétés qu'elles visitent. Souvent, elles n'y atteignent que des organismes partiels qu'elles minent et détruisent. Mais des éléments sains, des forces vives préservées se maintiennent ou se réfugient sur des points parfois dédaignés ou inconnus, et là, ils y jouent le rôle mystérieux des ferments. Un jour, le levain plus fort renoue la chaîne de la vie. Dans la forêt, le redrugeon inattendu sort tout à coup, grandit, s'enlève comme d'un vol au-dessus de la jonchée des branches mortes ou pourries étendues à ses pieds sur la terre.

Après un temps d'immobilité et de silence, d'une société amollie ou corrompue, s'élève une société nouvelle.

Ainsi en est-il, ainsi en sera-t-il pour notre France.

Oui ! il est vrai, dans son sein tourmenté, elle porte des populations énervées par la vie oisive, dégradées par les jouissances malsaines, gangrenées par la soif du gain, par la possession sans travail, par les manœuvres basses, les soucis, les vilenies, les cruautés qu'elles enfantent. Oui ! il est vrai, chez elle, il est des classes entières pour qui désormais rien ne compte que ce qui vaut, rien ne se prise que ce qui rapporte, où l'habitude et la vanité de l'appréciation « positive » ont répandu celles du doute et de la dérision universelle.

Pour celles-là, certes, il est permis de se demander où sont les conditions physiques, où sont les forces morales qui assurent la vie ?

Placé au-dessus des autres, si, les regards sur

celles-là, on ne voit qu'elles, ne juge la nation que par elles, certes, il est permis de croire la société française minée, allanguie, perdue ; permis de se dire : voilà le corps, où est l'âme ?

Mais, à côté de ces classes, il en est, dieu-merci, d'autres et de bien autrement nombreuses que le doigt empoisonné n'a pas touchées et qui, animées d'ailleurs d'une vie plus jeune et plus forte, ne se laissent pas, ne se laisseraient pas atteindre.

Là, persistent et fleurissent, dans leur fraîcheur, toutes les sortes de foi civique et, si l'on veut, toutes les crédulités simples et naïves, saines fleurs de l'âme humaine en effet, qui l'enchantent et l'ennoblissent.

Là, on croit au devoir pour le devoir, à l'honneur pour l'honneur, au souvenir à laisser de soi au-delà de la vie, à la vertu du travail parce qu'on l'a pratiqué, à la probité parce qu'on n'y a pas failli, à la facilité de n'y pas faillir parce qu'on n'a jamais été riche.

Là, on ne connaît point les pusillanimités honteuses. Là on n'a pas peur des fatigues et des dangers, des blessures, des mutilations, de la mort, parce qu'on les cotoie tous les jours.

Là, de bien longtemps, les yeux ne sauront pas voir dans le drapeau un morceau d'étoffe. Bien longtemps, toujours les cœurs y verront la France. Sous ses plis ils battront pour la France. A sa suite, sans espoirs, sans calculs d'avancement, de renommée, obscurément, on se fera tuer de bon cœur pour la France.

Ce n'est pas là qu'on hésiterait ou qu'on choisirait d'un choix infâme entre l'intérêt public et la réalisation d'un gain, le souci d'une réélection, la mainmise sur une richesse.

Ce n'est pas là qu'on songerait jamais à commercer avec une armée ennemie, et l'on s'y couperait le poing plutôt que d'avancer la main pour faire d'une invasion une affaire.

Là, on ignore les insatiables convoitises du superflu parce qu'on n'a jamais eu le nécessaire ; et le déshonneur des jouissances sans fin et de leurs poursuites méprisables est remplacé par les écrasants, par les nobles soucis de la recherche du

travail, de la misére à calmer, du loyer à conquérir, du pain à gagner pour les enfants et la femme. — Quelle distance !

Là enfin, on a reçu du sort ce don amer mais
incomparable de ne guère connaitre en ce monde
que des épreuves. On vaut parce qu'on est malheureux et qu'il n'y a en ce monde que le malheur
qui mérite et qui vaille. On est grand, pur, fort,
digne d'affection, d'estime parce que le monde a
beau dire, pour faire les âmes pures, fortes, grandes, il n'y a que la peine et le malheur.

Que ces classes donc se lèvent ! Que leur règne
arrive ! ! !

A coup sûr, historiquement et socialement, dans
notre France renouvelée, il n'y a plus d'Etats, il
n'est plus question, il ne peut plus être question
des divisions anciennes et les trois ordres ont à
jamais disparu sans laisser de traces ni civiles ni
politiques.

Veut-on, toutefois, par un ressouvenir effacé, par
une fiction d'aventure, par un retentissement pro-

longé de polémique, en ressusciter encore parmi nous les apparences et les noms ?

Soit ! alors, l'Eglise il est vrai, subsiste.

Veut-elle représenter et continuer l'Ordre ancien du clergé ? La place est périlleuse, la revendication brûlante. Si elles agréent à sa passion du pouvoir, à son immobilisme, à son orgueil, qu'elle en soutienne la chimère ! Mais, en même temps, qu'elle le sache, c'est l'habit d'un mort et c'est une mort plus prompte qu'il apporte et qu'on y trouve.

Mais la Noblesse?

Oh! là, ce qui a disparu ce ne sont pas seulement les hommes mais l'institution. Non seulement les cadres sont vides, mais eux-mêmes sont évanouïs, tombés en poussière.

Nulle part en France, à aucun degré, il n'y a plus de Noblesse.

Qui en a pris la place?

Qui? la Bourgeoisie, la Bourgeoisie seule. C'est elle, elle seule qui est entrée en possession du sol, des droits, des privilèges. Si des Ordres pouvaient aujourd'hui revivre, n'est-il pas vrai qu'elle en serait le second ?

Mais alors, que parle-t-on de quatrième Etat à propos du peuple?

Pourquoi ce rang menteur, ce nom imaginaire, inutile qui semblent créer à plaisir des degrés sans raison, comme pour le séparer davantage du faîte et allonger devant lui les distances et la route ?

Non ! si l'on conserve, si l'on reprend aujourd'hui ces formes de langage, donnons les vrais rangs, les vraies places !

Le Tiers Etat, c'est le peuple. Il n'y a pas pour lui, il ne peut pas y avoir d'autre nom que celui de Tiers Etat.

Ces classes populaires, la Bourgeoisie les a délaissées. Elle les a oubliées derrière elle dans sa promotion révolutionnaire.

Il leur appartient d'exiger, de commander la réparation de l'oubli, de regagner leur rang, d'occuper la place laissée vide par l'avancement d'une rivale à la suite de la disparition, de la mort d'une autre. Il leur appartient de se promouvoir à leur tour dans une révolution prochaine.

A elles de redresser à nouveau le droit, d'anéantir les nouveaux privilèges, de réprimer les modes nouveaux ou persistants de spoliation, de tarir les sources perpétuées ou nouvelles des revenus injustes, de conquérir leur place au soleil, au bien-être, à la possession, au respect, à l'égalité vraie, à l'instruction, à l'indépendance, à la protection de leurs personnes, de leurs enfants, de leurs filles, de leur travail, de leurs salaires, de leur vie !

Après elles, il n'y aura plus personne.

Leur avènement sera le dernier, l'avènement suprême. Il marquera la véritable unification de la France et c'est après lui, après lui seulement qu'avec vérité on pourra dire : — la Révolution française est fixée aux principes qui l'ont commencée. Elle est finie.

Mais inexpérimentées, pour qu'elles accomplissent cette grande tâche; faibles, pour qu'elles gravissent ces degrés difficiles; mal éclairées, accessibles à toutes les séductions, à toutes les erreurs, pour qu'elles y trouvent leur route, aperçoivent et surmontent les difficultés, les obstacles, les pièges que des classes ennemies y sauront accumuler de toutes parts et à toute heure, il faut qu'à toute heure aussi, d'autres hommes les avertissent, les appellent, les détournent, les ramènent, les réconfortent, les encouragent, se dévouent pour elles. Pour se dévouer, il faut qu'ils les aiment, parce qu'ils aimeront le malheur et la justice. Il faut qu'ils en soient écoutés, entourés, suivis avec confiance et affection, parce qu'elles sauront bien qu'ils les aiment.

Eh bien! puissent ces hommes se trouver sur leur chemin!

Pour moi, quoi qu'il arrive, quel que soit le sort qui les attende, je veux être de ceux-là.

Je serai, je suis de ceux-là!

*

*   *

Ainsi disait le jeune homme à son réveil, pendant que ses yeux et son esprit étaient encore pleins

14.

des visions entrevues, pendant que les choses entendues bruissaient encore à ses oreilles.

Tout à coup, un dernier souffle du matin plus fort, soulevant vivement le rideau, éteignit la lampe vacillante. Bruits confus, visions flottantes s'évanouirent tout à fait en un moment dans les ténèbres. C'était la fin.

Ainsi, la pauvre chambre d'études avait achevé son œuvre. N'avait-elle pas, elle aussi, donné une célébration auguste au Centenaire de la « NUIT SAINTE » ?

Déjà, dans le haut du ciel se répandaient au loin quelques lueurs blanchissantes.

L'horizon indécis semblait s'abaisser pour laisser paraître aux yeux des hommes encore une aurore nouvelle.

NOTES

LA NUIT DU 4 AOUT

1789 — 1889

NOTES

RENSEIGNEMENTS HISTORIQUES

OBSERVATIONS

NOTICES BIOGRAPHIQUES, etc.

Page 20. *N'a-t-on pas joui quatorze ans de l'héritage ?*

Les événements de la Révolution française ont à un tel point absorbé les esprits et effacé ce qui les précède que, pour l'imagination d'un assez grand nombre d'hommes, c'est avec eux que le règne de Louis XVI a commencé et par eux qu'il a été formé tout entier — Disons donc qu'il n'en est rien — Louis XVI a pris possession du trône à 20 ans, en 1774.

Né en 1754, il en avait 35 au début de la Révolution,

Page 21. — *Fuite qui revêtait les allures d'une Conspiration.*

Le 21 juin 1791, Louis XVI quittait Paris furtivement avec la reine, sa fille, son fils et madame Elisabeth. Arrêtés à Varennes, ils furent ramenés par Péthion, Barnave et Latour-Maubourg, commissaires délégués pour cette mission par l'Assemblée Nationale et rentrèrent à Paris le samedi 25.

Page 21. — *A la suite d'Emigrés.*

Dès le 17 juillet, trois jours après la prise de la Bastille, le Comte d'Artois, frère de Louis XVI, les Princes de Condé et de Conti, le maréchal de Broglie, Villedeuil, Lenoir, le Baron de Breteuil, le Prince de Lambesc, parent de la Reine, les

Polignac, tout chargés des faveurs de la Cour, étaient passés à l'étranger,

Page 26. — *Le cortège du 4 mai 1889.*

Des gravures du temps le représentent. L'une d'elles figure à l'exposition historique de la Révolution, place du Carrousel.

Madame de Staël assistait au défilé de ce cortège ; « Je n'oublierai jamais, écrit-elle, le moment où l'on vit passer les douze cents députés de la France se rendant en procession à l'église pour entendre la messe, la veille de la réunion des Etats-Généraux. — C'était un spectacle imposant et bien nouveau pour des français.

« Tout ce qu'il y avait d'habitants dans la ville de Versailles et de curieux arrivés de Paris se rassemblaient pour le contempler. »

Et elle ajoute : les anoblis qu'on voyait marcher en grand nombre dans les rangs des nobles portaient d'assez mauvaise grâce le panache et l'épée. L'importance des députés du Tiers-Etat en était augmentée. Leurs habits et leurs manteaux noirs, leurs regards assurés, leur nombre imposant, attiraient l'attention. »

(Considérations sur la Révolution française).

Page 30. — *Mirabeau* :

Né au Bignon, près Nevers, en 1849 (40 ans à la révolution).

Elu député du Tiers à Marseille et à Aix, il opta pour Aix. Mort à Paris le 2 avril 1791. — Ce souvenir de Samson à son propos est de Madame de Staël : «Mirabeau, dit-elle, était seul encore célèbre — Avec sa chevelure immense, il faisait penser à Samson. Toute sa personne donnait l'idée d'une puissance irrégulière, mais enfin d'une puissance telle qu'on se la représentait dans un tribun du peuple. » (Considérations sur la Révolution française).

Page 32. — *La Salle des Menus* :

Construite au commencement de 1787 pour l'assemblée des notables, elle a été détruite ; mais on la connaît à merveille par les gravures et les témoignages du temps. Sur l'emplacement, se trouve aujourd'hui une caserne du génie qui porte officiellement le nom de caserne des menus.

En commémoration du centenaire de l'ouverture des Etats généraux, le Président de la République entouré des grands corps de l'État a présidé à la pose d'une inscription nouvelle, dans une grande solennité tenue à Versailles le 5 mai 1889.

Page 34. — *Le jeu de paume*, acheté par l'État et devenu monument national, est aujourd'hui un musée public peuplé de souvenirs de la révolution française et notamment de ceux de sa grande journée.

Il y a quelques erreurs dans les noms de constituants inscrits sur les murs. Leguen de Kerangal, par exemple, y est nommé Leguen de Kangal.

La réunion et le serment du jeu de paume sont du 20 juin 1789.

Page 36. — *Buste de Mirabeau*. Voir la note ci-dessus, page 30

Page 36. — *Barnave*, né à Grenoble en 1761 (28 ans à la révolution) Exécuté à Paris, novembre 1793.

Page 36.— *Le Chapelier*, voir la note ci-après sur la page 47.

Page 36.—Sieyès, voir la note ci-après page 47.

Page 36. — Péthion : voir la note ci-après sur la page 47.

Page 36. — Merlin de Douai, né à Arleux en 1754. (35 ans à la révolution). Avocat, jurisconsulte, députéde Douai à la Constituante — puis à la Convention. Fut membre du directoire. Exilé à la Restauration, ne rentra en France qu'après 1830 — Mort en 1838 — l'un des auteurs de nos codes.

Page 36. — *Buzot*, né à Evreux en 1760, (29 ans à la révolution.) Avocat à Paris. Député à la Constituante, puis membre de la Convention. Proscrit le 31 mai 1793 avec les Girondins, il erra quelque temps dans le Midi et fut trouvé mort dans un champ près de Bordeaux.

Page 36. — *La Revellière-Lepaux*, né à Montaigu, en 1753 (36 ans à la Révolution.) Avocat au Parlement de Paris. Membre de la Constituante, puis de la Convention. Fit partie du Conseil des anciens et du Directoire. A été membre de l'Institut : (Académie des Sciences morales et politiques). Mort en 1824.

Page 36. — *Volney*, né en 1757, à Craon, (32 ans à la Révolution.) Constituant. Emprisonné sous la terreur, fut sauvé par le 9 thermidor. Mort en 1820. Membre de l'Institut. Auteur d'un livre qui fit grand bruit : Les Ruines.

Page 36. — *Boissy-d'Anglas*, né à Saint-Jean-Chambre (Ardèche), en 1756 (33 ans à la révolution). Député du Tiers à la Constituante pour la sénéchaussée d'Annonay (Languedoc), disait dans la séance du 15 mai 1789 : le Tiers-Etat est réellement la nation, tandis que les autres ordres n'en sont que des dépendances. Membre de la Convention. Célèbre par son attitude à la journée du 20 mai 1795, où l'émeute lui présentait au bout d'une

pique la tête de son collègue Féraud, assa siné
sous ses yeux. — Elu du Conseil des 500 dans 7?
départements. L'un des auteurs de la constitution
de l'an III. — Mort à Paris en 1826.

Page 37. — *Camus*, né à Paris en 1740 (49 ans
à la révolution). Avocat et jurisconsulte. Membre
de la Constituante, puis de la Convention. Chargé
par l'Assemblée d'aller, avec Prieur de la Marne,
arrêter Dumouriez en Belgique, fut livré par lui
aux Autrichiens. — Echangé en 1795 contre la fille
de Louis XVI. Mort en 1804. Fut aussi membre du
Conseil des 500.

Page 37. — *Tronchet*, né à Paris en 1726 (63
ans à la révolution). Député à la Constituante. L'un
des auteurs de notre code civil. — Mort en 1806.

Page 37. — *Target*, né à Paris en 1733 (56 ans
à la révolution). Avocat, député à la Constituante.
Mort en 1806. A été de l'Académie française.

Page 37. — *Rabaut-Saint-Etienne*, né à Ni-
mes en 1743. Pasteur protestant. A été de la Cons-

tituante, puis de la Convention. Proscrit avec les Girondins et exécuté en 1793.

Page 37. — *Mounier*, né à Grenoble en 1758 (31 ans à la révolution). Avocat, secrétaire des Etats provinciaux du Dauphiné en 1788, joua un rôle considérable dans leurs réunions. — Elu à la Constituante. — L'un des principaux auteurs de la première Constitution et de la déclaration des Droits de l'homme. — Mort en 1806.

Page 37. — *Lanjuinais*, né à Rennes en 1753 (36 ans à la révolution). Député du Tiers pour la ville de Rennes à la Constituante. — Membre de la Convention, En l'an IV, élu au Conseil des 500 dans 73 départements. — Mort à Paris en 1827.

Page 37. — *Dom Gerle*, né en 1740, en Auvergne (49 ans à la révolution). Prieur de Chartreux. Elu à la Constituante par le clergé de Riom.

Page 37. — *Prieur de la Marne*, né vers 1760 à Châlons-sur-Marne (29 ans à la révolution).

Avocat, membre de la Constituante, puis de la Convention. Envoyé à l'armée avec Camus par l'Assemblée, comme commissaire chargé d'arrêter Dumouriez. Exilé en 1816 par la Restauration. Mort à Bruxelles en 1827.

Page 37. — *Thouret*, né à Pont-l'Evêque en 1746 (43 ans à la révolution). Avocat au Parlement de Rouen. Elu à la Constituante. Rapporteur du comité de la Constitution. L'un des promoteurs de la nouvelle organisation judiciaire remplaçant les parlements. Président du tribunal de cassation. Exécuté le 22 avril 1794.

Page 37. — *L'abbé Grégoire*, né en 1750 à Veho près Lunéville (39 ans à la révolution). Curé d'Embermenil. Elu député à la Constituante par le clergé de Lorraine. Elu évêque constitutionnel de Blois. Membre de la Convention, puis du Conseil des 500. Mort en 1831. L'archevêque de Paris lui ayant refusé les sacrements parce qu'il ne consentait pas à rétracter son serment à la Constitution civile du clergé, son convoi fut l'occasion d'une manifestation considérable de la part de la population parisienne.

Page 37. — *Edicule de marbre blanc.* Sur l'Edicule est écrit : les représentants des communes de France, constitués le 17 juin en Assemblée nationale, ont prêté ici, le 20 du même mois, le serment qui suit : Puis sur la plaque de bronze la formule du serment.

Page 37. — *Bailly*, né à Paris en 1736 (53 ans à la révolution). Elu par la ville de Paris à la Constituante. Maire de Paris. Exécuté à Paris le 11 novembre 1793. A été membre de l'Académie des sciences, de celle des inscriptions et de l'Académie française. On se rappelle sa réponse au moment où on le menait à l'échafaud : tu trembles, Bailly ; — oui, mais c'est de froid.

Page 37. — *Le Serment du Jeu de Paume* de David est resté à l'état d'esquisse. Le tableau n'a jamais été exécuté. C'est d'après cette esquisse, reproduite et popularisée par la gravure, qu'a été peinte la grisaille couvrant aujourd'hui toute la paroi de gauche du Jeu de paume.

Page 38. — *Les vers d'André Chénier*, extraits de la pièce intitulée : le Jeu de paume, et dédiée à David en 1791, au moment où il achevait son esquisse, sont les suivants :

A droite sur le mur :

> Que ce voyage souhaité
> Récompense nos fils ! Que ce toit leur rappelle
> Ce Tiers-État à la honte rebelle,
> Fondateur de la liberté !

Et à gauche :

> Qu'au lit de mort, tout français pleure
> S'il n'a pas vu ces murs où renait son pays !
> Que Sion, Delphe et la Mecque et Sais
> Aient de moins de croyants attiré l'œil fidèle !

Page 39. — *Le Serment* : à la séance du Jeu de paume, c'est Mounier qui proposa la formule du serment adoptée et lue par Bailly.

Page 42. — *La Vision* :

On comprend que, dans une séance comme celle du 4 août, toute d'entraînement et d'enthousiasme, les motions successives ont été présentées sans ordre, à mesure des inspirations.

Les procès-verbaux en gardent naturellement la trace.

Reproduire tels ces procès-verbaux, en donnant un récit de la séance, était impossible sous peine de choquer et de refroidir l'intérêt.

D'un autre côté, comment toucher sans reproche à des rédactions à tel point consacrées ?

La donnée adoptée par l'auteur a permis, tout en conservant le fond et le texte même des procès-verbaux, d'établir dans le récit la clarté et l'ordre et d'assurer à cette séance grandiose tout son caractère dramatique.

Page 45. — *La nuit du 4 août* 1789. Le 14 juillet et le 4 août étaient tous deux un mardi en 1789. La nuit du 4 août s'est placée à trois semaines, jour pour jour, de la prise de la Bastille.

Page 45. — *La salle de l'Assemblée*. V. la note de la page 32.

Page 47. — *Le Chapelier*. Né à Rennes vers 1741 (48 ans à la Révolution). Avocat au barreau de Rennes. Elu à la Constituante. Membre du comité de constitution et l'un des principaux organisateurs du nouvel ordre judiciaire. — Nommé la veille président de l'Assemblée, eut l'honneur de présider la séance du 4 août. — Ami et collaborateur de Condorcet. — Condamné à mort par le Tribunal révolutionnaire de Paris, 1794.

Page 47. — *Sieyès*. Né à Fréjus en 1748. (41 ans à la Révolution). Etait vicaire général à Chartres. Elu par la ville de Paris député du Tiers à la Constituante. Mort à Paris en 1836.

Page 47. — *Stanislas de Clermont-Tonnerre*. Né en 1747 (42 ans à la Révolution). Elu à la Constituante par la noblesse de Paris. Tué à la journée du 10 août.

Page 47. — *De Fréteau*. V. page 106, son allocution à l'Assemblée.

Page 47. — *Péthion*. Né à Chartres en 1759. (30 ans à la Révolution). Membre de la Constituante, puis de la Convention. Proscrit avec les Girondins, s'enfuit et mourut dans les Landes dévoré par les loups.

Page 47. — *Les deux Lameth*. Charles, né en 1757. Alexandre, né en 1760. Tous deux élus par la noblesse de Péronne. Avaient servi dans la guerre de l'Indépendance américaine. Le premier, mort en 1832, le second en 1837. Alexandre de Lameth a écrit une « Histoire de l'Assemblée constituante. »

Page 47. — *De Cazalès*. Né en 1752. Capitaine aux dragons de la reine. Emigra et fit campagne contre la France en 1792. Mort en 1805. Avait été à la Constituante l'un des grands orateurs du parti monarchique.

Page 47. — *Duport*. Né en 1759. Etait conseiller au Parlement. Envoyé à la Constituante par la noblesse de Paris. Emigra après le 10 août et mourut à Appenzell en 1798. Avait été à l'Assemblée nationale l'un des membres les plus laborieux et les plus utiles, notamment pour l'organisation judiciaire.

Page 47. — *Barnave*. V. les notes, pages 21 et 36.

Page 47. — *Clerget*. Curé d'Onans, lutta contre la servitude en Franche-Comté avec Christin, Lapoule et Voltaire.

Page 47. — *L'abbé Grégoire*. V. la note sur la page 37.

Page 47. — *Christin*. Avocat, député du Tiers pour Lons-le-Saunier. Principal défenseur des serfs de St-Claude, appuyé par Voltaire. Lapoule, ci-dessus nommé, fut, comme Christin et Clerget, appelé à l'Assemblée nationale.

Page 47. — *Rewbell* : né à Colmar, en 1746. (43 ans à la révolution. Fut membre de la Constituante, puis de la Convention. Fit partie du Directoire. Mort en 1810.

Page 47. — *Robespierre maximilien* : né en 1759 (30 ans). Avocat à Arras, fut élu député du Tiers par cette ville à la Constituante, n'y joua qu'un rôle très effacé. Membre de la Convention. En 1791, David lui donne place dans son : Serment du jeu de Paume. C'est, à droite du groupe central, le jeune homme qui se renverse en arrière en pressant ses deux mains contre sa poitrine d'un air exalté. — Exécuté le 10 thermidor — 28 juillet 1794.

Son frère aussi conventionnel, exécuté avec lui.

Page 52. — Ce *Projet d'arrêté* avait été rédigé par Target chargé par le Comité.

Page 53. — *Le vicomte de Noailles.* Né en 1756 (33 ans à la révolution.) Cadet de famille.

Sert aux armées. Obligé de se démettre en 1792. Reprit du service sous le Consulat. Fit campagne à Saint-Domingue et y mourut de ses blessures en 1804.

Page 57. — *Le duc d'Aiguillon* ; son père avait été le collègue de Terray. Commanda l'armée du Rhin après Custines en 1792. Mort dans l'émigration à Hambourg, en 1800.

Page 64. — *Dupont de Nemours* : Né à Paris en 1739 (50 ans à la révolution.) Collaborateur de Quesnay ; école des économistes ou physiocrates. Ami de Turgot. Elu à la Constituante par le bailliage de Nemours. A la Terreur, se réfugia en Amérique. Revint en France lors du Consulat, mais retourna en Amérique lors de l'établissement de l'Empire et y mourut en 1817.

Page 66. — *Leguen de Kerangal*. Figure dans le tableau de Couder « l'ouverture les Etats-Généraux de 1789 », placé d   s la salle du Congrès à Versailles.

Page 71. — *Vicomte de Beauharnais*. Né en 1760 à la Martinique (29 ans à la révolution) Député de la noblesse à la Constituante. Nommé général en chef de l'armée du Rhin fut, comme noble, obligé de se démettre. Arrêté en 1794, fut condamné à mort. Sa veuve devint, comme on sait, l'impératrice Joséphine. Père d'Eugène de Beauharnais et de la reine Hortense.

Page 72. — *Cottin*. Elu par la ville de Nantes.

Page 78. — *Lepelletier de Saint-Fargeau*. Né en 1760 (29 ans à la révolution.) Elu à la Constituante par la noblesse de Paris. Fut membre de la Convention. Y vota la mort de Louis XVI après avoir été du parti de la Cour. Fut tué la veille de l'exécution de Louis XVI, 20 janvier 1793, par un ancien garde du corps, dans un restaurant du Palais Royal.

Page 91. — *Le Chapelier*. V. la note de la p. 47.

Page 95. — *Principauté d'Orange*. Réunie à la France par Louis XIV était complètement enclavée dans le Comtat Venaissin, appartenant alors au pape auquel il avait été cédé par Philippe le Hardi. Le Comtat repris depuis lors plusieurs fois par la France, fut définitivement réuni en 1791 par l'Assemblée législative. Dans ces mots des procès-verbaux « réputées étrangères » on peut voir le souvenir de ces reprises et l'intention de la mesure réalisée deux ans plus tard.

Page 107. — *Duc de la Rochefoucauld-Liancourt* : né en 1747 (42 ans à la Révolution. C'est lui qui à Louis XVI s'écriant à propos de la prise de la Bastille : quelle révolte! répliqua : Sire, dites une révolution. Emigra aux Etats-Unis et revint lors du Consulat — disgracié par Charles X comme libéral — mort en 1827.

Page 117. — *Grimm — Camille Desmoulins — Mad. de Staël — Mad. Roland*. C'est par une fiction, appelée par sa donnée, que l'auteur les fait assister ici à la séance du 4 août. Ce qui est historiquement vrai, c'est que de jeunes courtisans, placés dans une tribune, y ont tenu des propos analogues à ceux qui leur sont prêtés. Grimm a dit : « des enragés » en parlant de cette séance. Le mot de « bacchanale d'insensés » est de Montlosier, membre de la Constituante. Celui de « Saint-Barthélemy des propriétés » est de Rivarol.

Page 117. — *Grimm* : né à Ratisbonne en 1723 (66 ans à la révolution). Correspondant de plusieurs souverains étrangers avant et pendant la révolution. Quitta la France en 1790. Mort à Gotha en 1807.

Page 118. — *Camille Desmoulins et Lucile.* — C. Desmoulins né à Guise (Aisne), en 1760 (29 ans à la révolution). Avocat. Le 14 juillet, harangua le peuple au Palais royal et, mettant une feuille d'arbre à son chapeau en guise de cocarde, l'entraîna à l'assaut de la Bastille. Membre de la Convention. Exécuté le 5 avril 1794. Lucile, sa femme, exécutée à 22 ans le surlendemain. Les paroles mises ici dans sa bouche sont en effet de lui. Des portraits de Camille Desmoulins et de Lucile figurent à l'exposition historique de la Révolution, place du Carrousel.

Page 118. — *Madame de Staël*, fille de Necker, née à Paris, en 1766 (23 ans à la révolution). Morte le 14 juillet 1817. Les paroles qu'elle prononce ici sont extraites : Les premières de ses « considérations sur la révolution française », les dernières d'une lettre par elle écrite au roi de Suède, Gustave III. — Elle avait assisté non seuseulement au cortège du 4 mai 1789, mais à la cérémonie à Saint-Louis. Là, elle s'était trouvée placée à côté de madame de Montmorin qui lui dit : Vous avez tort de vous réjouir. Il arrivera de ceci de grands désastres à la France et à nous ; mais en racontant le fait, madame de Staël ajoute : Je me livrais à la plus vive espérance en voyant pour la première fois des représentants de la nation.

Page 119. — *Madame Roland*, née à Paris en 1754 (35 ans à la révolution). Amie et coreligionnaire des Girondins, fut exécutée à Paris le 8 novembre 1793.

Page 122. — *Rêves de félicité publique.* C'est Talleyrand qui a dit : celui qui n'a pas vécu aux abords de 1789 n'a pas connu le bonheur de vivre.

Page 144. — *Le principal de la contribution foncière.* Fixé en 1790 à 240 millions, a été, par l'effet de diverses mesures successives, ramené aux environs de 155 millions. Il n'y a pas d'impôt — loin de là — qui ait été l'objet de faveurs semblables. Même aujourd'hui et malgré l'augmentation de la matière imposable, l'impôt foncier ne produit (budget de 1888) que 180 millions.

Page 147. — *Droits de douanes sur le bétail.* Les droits établis par la loi de 1881 n'étaient presque que des droits nominaux. Celle du 28 mars 1885 les a élevés dans une mesure excessive. On en peut juger par trois chiffres : moutons 3 fr. par tête, bœufs 25 fr. par tête; viandes abattues 7 fr. les 100 kilos.

Page 147. — *Droits sur toutes les céréales et leurs farines.* La loi du 28 mars 1885 avait élevé à l'excès tous ces droits. Le blé, par exemple, était taxé à 3 fr. les 100 kilos. A bref délai, la loi du du 29 mars 1887 a encore surélevé les droits : Le Blé, par exemple, à 5 fr. les 100 Kilos, c'èst-à-dire rien moins qu'au quart de la valeur. Farines de blé à proportion — la Loi du 16 avril 1889 a augmenté les droits sur les seigles et leurs farines.

Notons que l'ancien droit sur le blé n'était par hectolitre que de 0,60 centimes. C'est presque un quintuplement, puis un décuplement du droit.

Page 160. — *Loi militaire de* 1889 modifiant celle de 1872. Art. 23 : en temps de paix, après un an de présence sous les drapeaux, sont envoyés en congé dans leurs foyers, sur leur deman·le, jusqu'à la date de leur passage dans la réserve : (suivent des catégories très multipliées comprenant, avec les instituteurs laïques, notamment les novices et membres des congrégations religieuses vouées à l'enseignement et reconnues d'utilité publique, et les élèves de la plupart des grandes écoles de l'Etat).

Cet article rejeté d'abord par la Chambre des députés, rétabli avec insistance par le Sénat, a finalement été voté par la Chambre, à la fin de la session, pour ne pas arrêter la mise à exécution de la nouvelle loi militaire.

Page 175. — Pour ces *interpellations*, on peut voir à *l'Officiel* la séance de la Chambre des députés du 27 mai 1889.

Page 180. — *Soixante mille membres*. Le compte a été établi par M. Flourens, pendant son passage à la direction des cultes. Le chiffre exact était de 55,300, sans compter les élèves des grands séminaires déjà engagés dans les ordres mineurs, au nombre de plus de 5,000, ni les congrégations d'hommes et de femmes.

Page 181, — *Comme un régiment*. Le mot a été dit par le cardinal de Bonnechose, archevêque de Lyon, à la tribune du Sénat du second empire.

Page 182. — *L'infaillibilité* papale votée au concile de 1870.

Page 205. — *Projets de loi sur les accidents de travail*. Voir les discussions prolongées à la Chambre des députés et au Sénat.

Page 208. — *Question de l'intérêt*. En ce qui concerne cette question de l'intérêt tenu pour illégitime et pour un réel succédané du servage, voir le livre : *Le prêt à intérêt dernière forme de l'esclavage*, 1889, librairie Guillaumin.

Page 248. — *La séance était levée*. La loi du 12 janvier 1886 a déclaré « l'intérêt » libre en matière commerciale.

TABLE

LA NUIT DU 4 AOUT

1789 — 1889

TABLE

16

*
* *

La nuit du 4 août 1789.

*

*   *

La nuit du 4 août 1889.

Notes.

Librairie Guillaumin et Cⁱᵉ rue Richelieu, 14.

EXTRAIT DU CATALOGUE

Etat de la France en 1789, par Paul Boiteau, deuxième édition, avec une notice par M. Léon Roquet et des annotations par M. G. Grassoreille, archiviste, or. ce du portrait de l'auteur. 1 vol in-8 Prix .... 1 fr.

Histoire de l'Economie politique, depuis les anciens jusqu'à nos jours, par Adolphe Blanqui, membre de l'institut. 5ᵉ édition, 1 vol. in-8 Prix .... 8 fr

J. Bodin et son temps. *Tableau des Théories politiques et des idées économiques au seizième siècle*, par M. Henry Baudrillard, membre de l'institut, professeur au Collège de France. 1 fort volume in- . Prix .... 7 fr. 50

Publicistes modernes, par LE MÊME 2ᵉ édition. 1 vol. in-18. Prix .... 3 fr. 50

Histoire de l'économie politique. *Les précurseurs :* Adam Smith, Franklin. Conférences faites, de 1869 à 1870, à la société industriel e de Reims, par M. Félix Cadet. Broch. in-8. Prix .... 1 fr. 75

Pierre de Boisguillebert, *précurseur des économistes*. 1646-1714 ; sa vie, ses travaux, son influence, par LE MÊME. 1 volume in-8 Prix .... 7 fr. 50

Caractères et portraits politiques, par M. G. DU Puynode. 1 vol. in-8 Prix .... 7 fr. 50

Etudes sur les principaux Économistes, Turgot, Adam Smith, Ricardo. Malthus, J. B. Say, Rossy, par LE MÊME. 1 volume in-8 Prix .... 7 fr. 50

Les Économistes français du dix-huitième siècle, par M. L. DE Lavergne, membre de l'institut. 1 vol. in-8. Prix. .... 7 fr. 50

L'abbé de Saint Pierre, — Quesnay, — le marquis de Mirabeau, -- les Physiocrates, — Turgot, le marquis de Chastel ux. — l'abbé Morellet, – Dupont de Nemours. 1 vol. in-8. Prix. .... 7 fr. 50

Traité d économie politique rurale, par Guillaume Roscher, professeur a l'Université de Leipzig, traduit par Ch. Vogel, avec une préface de M. Louis Passy, député, 1 fort volume. in-8 Prix . 18 fr.

Dupont de Nemours et l'école physiocratique, par C. Schelle, 1 vol. in-8 Prix... .... 7 fr. 50

Traité de Finance, l'Impôt en général, les diverses espèces d'impôts, le Crédit public, les Emprunts et l'amortissement ; les Dépenses publiques et les attributions de l'Etat, les Réformes financières ; Notes et Notices complémentaires, historiques et statistiques, par Joseph Garnier, membre de l'institut. 3 édition considérablement augmentée. 1 fort volume in-8 Prix.... .... 8 fr.

Traités de la Science des Finances, par M. Paul Leroy-Beaulieu membre de l'institut, professeur au Collège de France. 4 édition, revue, corrigée et augmentée, 2 forts vol. in-8. Prix............. 25 fr.

Tome I. — Des revenus publics.

Tome II. Le budget et le crédit public.

Fait partie de la collection des Économistes et Publicistes contemporains.
